重庆古镇庙宇建筑文化研究

权小芹　著

中国农业大学出版社
·北京·

内 容 简 介

本书研究了重庆古镇庙宇建筑文化的发展形成，宗教文化对庙宇建筑的影响和庙宇建筑文化的作用和地位，旨在深入解析庙宇建筑文化这一重庆古镇文化中的重要构成部分，达到提升古镇社会效益和经济效益，带动古镇地方经济良性可持续发展的目的。

本书以重庆古镇为背景依托，追溯古镇的发展历程，研究古镇庙宇建筑的独特性和统一性。从庙宇建筑在各个历史时期的发展情况出发，研究了整体建筑风格、地方特征、宗教特征和时代特征。古镇庙宇建筑文化的研究有助于政府部门对古镇的利用和决策，是古镇和宗教建筑研究中不可或缺的一部分。

图书在版编目(CIP)数据

重庆古镇庙宇建筑文化研究/权小芹著.—北京：中国农业大学出版社，2018.10
ISBN 978-7-5655-2121-8

Ⅰ.①重… Ⅱ.①权… Ⅲ.①寺庙-建筑文化-研究-重庆 Ⅳ.①K928.75

中国版本图书馆 CIP 数据核字(2018)第 233842 号

书　　名 重庆古镇庙宇建筑文化研究
作　　者 权小芹　著

策划编辑 张秀环　　**责任编辑** 韩元凤
封面设计 郑　川
出版发行 中国农业大学出版社
社　　址 北京市海淀区圆明园西路 2 号　　**邮政编码** 100193
电　　话 发行部 010-62818525,8625　　读者服务部 010-62732336
编辑部 010-62732617,2618　　出　版　部 010-62733440
网　　址 http://www.caupress.cn　　**E-mail** cbsszs@cau.edu.cn
经　　销 新华书店
印　　刷 北京鑫丰华彩印有限公司
版　　次 2018 年 10 月第 1 版　2018 年 10 月第 1 次印刷
规　　格 850×1 168　32 开　5.625 印张　140 千字
定　　价 28.00 元

序

权小芹是我的第一届硕士研究生，2004年就读于重庆师范大学历史与文博学院，方向是美术考古。她对古代建筑艺术的兴趣早已有之，毕业论文的选题就是《对重庆华岩寺的调查与初步研究》。位于九龙坡区的华岩寺是座历史悠久的寺庙，权小芹经常跑进跑出，此举确系出自对传统文化的热爱，也是切切实实的文物保护行为，想必佛祖是理解并欢迎的。有志者事竟成，一晃十余年，当她把书稿发给我并请为之作序时，虽有点始料未及，但想想也在情理之中。

重庆有着3 000多年的历史，其宗教建筑星罗棋布。有以佛教为主囊括儒道，建于唐末宋初的大足石刻；有聚禅宗六祖于一堂的唐代涞滩“二佛寺”；有源自三国时期的奉节白帝城、云阳张飞庙；有闻名遐迩的丰都名山鬼城；有曲栏回廊建筑精妙兴于清初的梁平双桂堂……其他如北碚区的温泉寺、缙云寺，渝中区的罗汉寺，南岸区的老君洞，九龙坡区的华岩寺等均源远流长，历史年代在南朝至唐宋之间。在重庆的古寺庙中不仅凝聚了厚重的传统文化，且在建筑力学、排水、采光等工程技术和雕刻、装饰工艺等方面，反映了本土匠师的非凡才能。

重庆宗教建筑的造型是鲜明的。庙宇多随山就势，其建筑形式追求与地貌的和谐，施工因地制宜，以筑台、跌落、错层、吊脚、悬挑、架空、附岩、分层出入、轴线转折等手法巧妙地化害为利。采用分层筑台建房的灵活方式，其间以轴线转折、小品过渡等手法将高下不一的各组建筑构成统一的整体。注重山水统筹、整体设计，以人为本、结合实际，将山体、建筑、江岸、阳台、步道与文脉相系。

重庆宗教建筑的结构是独特的。其建筑因象成形，追求与本土气候的和谐。针对多雨，日照少，空气温暖湿润、不够流通等气候特点，在建筑上注重通透，通风、祛湿、采光。其四合院落中，除以天井通风、采光以外，常常在屋后与围墙间留出1米左右的抽风天井或抽风口以避湿气。大型建筑，多以两头穿斗式与中间抬梁式结合构建，力争获得内部较大空间，其间撑拱与斗拱的形式被灵活使用。

重庆宗教建筑的材料是便利的。其建筑就地取材，追求与本土资源和气候条件的匹配。工匠们因材建房，将大小、质地不同的木料和石材灵活运用于不同建筑或同一建筑的不同部位。石质的地基坚固结实，轻薄的墙体透风散潮。墙面建筑材料亦是林林总总，有木板墙、夹壁墙、土坯墙等。屋顶多覆盖着金黄大器的琉璃瓦或方便轻巧的小青瓦。

重庆宗教建筑的意蕴是深厚的。其内在蕴藏着由大山大江孕育出来的民风、民俗和历史文脉，以其雕塑造型与结构、空间等建筑特色的有机结合，展示了当地人的信仰及其坚毅、大度、热情、包容的人文精神。在外延上，它以环境作支撑、为背景，凸显出当地人利用与改造自然的聪明才智；反过来，它们又以其特有的建筑风貌美化、点缀了它所依附的自然环境，体现出“天人合一”的理念。

时至今日，权小芹涉足重庆宗教建筑文化已经十年有余，作为其曾经的导师，为她的成果甚感欣慰。她在《重庆古镇庙宇建筑文化研究》中，分别就重庆古镇建筑的历史沿革、文化分类、文化内涵、建筑特征和开发与保护进行了较为系统的梳理和阐述。该书大致勾画出了重庆古镇庙宇建筑文化的轮廓，类似的专著我至今尚未见到，有交叉的研究著述亦不多。虽然该书也存在着不尽人意的地方，但其创新价值确是显而易见的，同时值得肯定的还有作者对古镇庙宇建筑合理利用与保护的思考，就当今继承传统，做好文化遗产保护工作而言是颇有意义的。

我想，本书的完成在权小芹的学术生涯中，是一个重要节点但远不是结果。权小芹多次提到想在建筑史方面进一步深造，我为她的坚持而感动，也为其写过推荐信。无奈她因其学校的工作太忙，至今未能如愿以偿，但不管怎样我都衷心地祝福她的学问之路越走越好！

邓　晓

于重庆师范大学

2018 年 8 月

前言

本专著是重庆市教育委员会 2015 年高校人文社会科学类研究项目的研究成果。该项目的编号为 15SKG235。

重庆古镇庙宇建筑是我自学生时代起一直关注的一个课题，这些年前前后后共撰写了二十余篇相关论文，多蒙我的恩师不弃，一直鼓励我、指导我，我才得以在教学工作之余完成了这项研究。我和我的研究伙伴潘家玲、李瑞平进行了大量的走访调查和研究，总结、研究写成了这本论著。

古镇是中国乡土文化的璀璨明珠，是古建筑风貌遗存的最后根据地。古镇建筑承载了悠久的时光之痕，它是凝固的艺术，是时代特征和区域特征的具象呈现。我热爱重庆这座城市，也爱隐在现代都市中的老城镇，因自幼在古镇中长大，对古镇有着难以割舍的感情，也希望子孙后代还能看得见老重庆的美。我在研究走访过程中常痛惜湮没在岁月中的残垣断壁，为其倾覆和损坏而遗憾，故而想通过本书在古建筑保护和开发上贡献一分力量。

本书希望能从对重庆古建筑的研究上管中窥豹，在认识了解各民族、时代、宗教、居民、环境对古建筑影响的基础之上汲取营养，为建筑的发展、城市的规划提供参考和借鉴。本书研究的重点是宗教庙宇建筑，探讨其在不同的历史时期发展演变历程的全貌，分析其发展的必然性和偶然性，归纳总结出发展规律和共同经验教训，弘扬成就，为当代建设提供参考。

本书将从整体史观的角度去探讨建筑的发展交融，以及它的现实意义，我衷心希望它能在建筑保护和合理开发区域古建方面有所帮助，并能够为当代建筑发展提供营养。

笔者在写此书的过程中屡遭挫折，如果此书万幸得以面世，首先要感谢我的老师邓晓、我的父母家人和我的研究伙伴潘家玲，以及在本书写作过程中给予过我支持的领导、同事和朋友们。

权小芹
于四川外国语大学
重庆南方翻译学院
2018 年 8 月

目 录

第一章　重庆古镇建筑的历史沿革

建筑被誉为“石头的史书”，忠实地记录了社会文化的变革，人类文明的发展，准确地反映了一定区域内的社会习俗、自然地理特征。

重庆古时称巴，其自然环境独特、历史文化悠久，极具独特性。重庆位于中国的西南部，是西南丝绸之路上最重要的区域之一。西南地区相较于中国的其他地区地域特征十分明显，其地理环境多样，地形地貌复杂多变，地理纬度上跨越大，达到 10 个纬度之多。该地区有海拔 8 000 多米的高山和海拔 76 米的河谷，地理落差大，平原平坝、盆地丘陵、高原山地相间，垂直气候明显。既有终年积雪的高寒山地，又有亚热带特征的湿热河谷，还有典型的干热河谷。加上地处东亚大陆的西南地区，众多的民族，多种多样的生产方式，迥然不同的生产力水平，使得重庆地区建筑形制极为复杂。

重庆文化的自然地理空间大致覆盖了今日重庆主城及周边的区域。从整个中国版图上看，它位于西南地区腹地，我国两大古文明区域——黄河与长江流域文明的西侧。该地区是中国三大文化板块延伸、接触、碰撞、交融的地区，即北方游牧文化区、黄河流域旱地农业文化区与水田稻作农业区，这客观上导致了西南乃至重庆地域文化的多样性、复杂性。重庆地区在空间地理范畴上，主要被黄河流域旱地农业文化区及长江流域的水田稻作农业区所覆盖。

重庆地处成都平原边陲，多丘陵山地，长江、嘉陵江在重庆渝中区交汇，悠久的历史文化传统和独特的自然地理环境，赋予了其建筑文化独特的风格及内涵，山水相依造就了重庆富有多样化、地域化、包容性等特征的人居环境。这使得这块土地上的建筑形式千差万别，丰富多彩，成为中国传统原生态建筑的博物馆。

重庆直辖以前，我们经常将巴蜀地区作为一个整体进行研究，因为巴蜀自古以来就有着一衣带水的关系，无论是地缘关系、自然环境、文化传统，还是语言习惯、社会风俗，都有非常多的共同点和关联性。重庆直辖以后作为一个独立的政治经济体，使我们有必要将对重庆的研究从巴蜀研究中分离出来进行着重研究，这是社会主义新阶段、新时代发展对重庆提出的新要求。

农业社会以来，随着先人对动植物的驯化，人们逐渐定居下来，各种形制的建筑应运而生。在人类征服自然改造自然的过程中，环境既带来了冲突与限制，也带来了和谐与创造。巴渝建筑在不断的发展和演化中，逐渐形成了适合本地人居住的建筑形式。重庆古建筑体现出的个性与特色，正是本土环境特征的真实写照。

重庆地区的古代建筑在中国古建筑历史上占有重要的地位，有着独特的文化意义和影响。要真正弄清中国建筑史，离开了地方建筑史和民族建筑史是极不完整的。重庆古代建筑的发展历史源远流长，与该地区开发较早有着密切的关系。多处文化遗址、建筑遗址，大大地丰富了中国早期建筑发展史的内容，为中国传统木构体系建筑“多源合流”说提供了有力的证据。巴渝地区的劳动人民因地制宜、就地取材，克服种种困难创造出了灿烂的建筑文化。巴渝古建筑在中国古建筑历史上占有重要的地位，有着自己独特的文化意义和地方特色。这离不开各个时期的建筑形制，如民居、衙署、府邸、寺庙、宫观、会馆、园林的发展。

据考证，巴渝建筑的发展具有悠久的历史，因为时间跨度大、木制建筑实体难以长期留存等原因，难以收集详尽的数据。从有遗迹可考的春秋战国时期开始，经秦汉唐宋元明清民国，重庆建筑文化前后延续了两千多年的时间。

要彻底了解巴渝古建史，我们不仅要弄清楚各时期巴渝建筑的历史背景和文化内涵，还要研究政治经济文化宗教等各因素互相交叉对古建筑产生的影响，这要求研究者不仅要有深厚扎实的理论基础，更要开拓思维，运用整体论的整体史观来剖析这一学科。宗教建筑和民间建筑是构成巴渝建筑史的一部分，也是我们今天所要研究的重点。宗教建筑源于衙署及府邸等建筑，民间建筑推动了早期宗教建筑的发展。由于其独特的地理特征，巴渝地区形成了小聚居、小村落的居住形式，形成了今天古镇的前身。

重庆是西南丝绸之路上的重要区域，现阶段学术界对重庆古镇的研究不多，可供参考的文献也较少。古镇是人们进行商贸交易、休息居住的驿站、文化传播的地方，在对区域发展、文化传承保护方面古镇研究有着重要的价值。

巴渝建筑主要以干栏式和穿斗式为主，一方面是出于防潮、防虫、防兽等实用性的考虑，另一方面巴渝多山地，先民因地制宜地创建了吊脚楼等富有重庆特色的建筑，因为地缘原因产生的建筑文化交融也起到了重要作用。古镇是巴渝建筑水平的集中代表，其中官衙、宗教建筑代表了各时代最高的建筑水平，是古镇中最具代表性的一部分，是当地人民经济发展的重要体现之一。中国的古建筑大多以木、竹等建筑材料构成，受时间、观念（焚烧前朝宫殿）、战争、保护技术、自然灾害等影响，明以前能保存到现在的木建筑屈指可数，现遗存的木建筑多为明清建筑。随着中国经济高速发展，对古城镇过度开发，管理层文物保护观念淡薄，许多具有重大价值的古建筑逐渐湮没在时光中。近年来对古镇旅游经济的大力开发，使得古建保护更为困难，随着中国历史文化名村等一系列古建筑保护政策的出台，国家对大量古建进行了开发性保护，提高了古镇的可持续发展能力，保护了大量建筑遗存。但是，对处于时代变革阵痛中的中国来说，这些远远不够。我们应从各个方面进行综合研究，用整体论的观点，制度化地保障物质文化遗产，加强对古村镇的保护力度，弘扬富有民族特色的传统建筑文化。

第一节 重庆古镇

重庆古镇建筑文化积淀深厚，具有独特的风格和内涵。古镇传统民居建筑在建筑结构上简单、朴素，大多就地取材。现存的古建筑多为明清时代所新建或重修，集中体现了巴渝建筑风格。该地区的建筑形式多为依山傍水或临崖吊脚，抑或顺坡而上，主要建筑形式有廊桥、长廊、骑楼、吊脚楼等形式。架构多采用穿斗木构架体系，木板夹墙或竹子夹壁墙，墙内掺以杂草为筋，保证了墙壁的稳定性。以桐油饰刷木板墙面，呈原木色或棕色，屋顶多以小青瓦覆盖。穿斗房、吊脚楼、栅子门半边街、过街楼、石板路等建筑形成了巴渝民居独特的建筑景观。这些都是适应西南地区地形、气候、水文、植被等特征的建筑样式。巴渝传统民居建筑是在当地人们长期生产、生活过程中逐渐形成的，是遵照山地“减少接地、不定地基、山屋融合”的理念建造的。

古镇前期以原始部落为主，秦统一六国以后，巴渝地区的建筑风格受到了民族融合的冲击，各地建筑风格互相影响，逐渐形成了适应巴渝地区的建筑风格。汉唐时期强盛的国家实力塑造了民族自信，建筑风格雄浑、朴实，经南北朝文化的变迁，到唐宋时代，更趋雄健，宏丽明朗，佛教东传也带来了富有宗教色彩的建筑式样。魏晋时期，道教的“天人合一”的理念，使得巴渝一带逐渐形成了适应当地自然环境，满足当时的经济文化、心理和生理特征而形成的聚落形态。宋元时期建筑风格又有不同，北宋商业繁荣，市井建筑样式多变，南宋偏安一隅，建筑风格更为精细机巧，元朝巴渝地区十室九空，在建筑史上影响较小。明清继承了宋朝时期的建筑做法又有自己的独特风格，两次湖广填四川使得巴渝文化受到了更多外来文化的影响。移民文化与本地文化不断融合、发展。这种多元文化的碰撞和复杂的人口构成，对巴渝建筑风格样式产生了重大影响，表现为区域建筑风格的多样化，建筑式样、建筑技术的相互借鉴与融合，成就了巴渝古镇多元化的景观特征。

一、重庆古镇形成发展的阶段

重庆有大小古镇 28 个，现有的 16 处属于国家级历史文化名镇，除石柱的西坨镇仅为国家级而非市级外，其余 15 处古镇同时也是市级历史文化名镇。建镇时间 1 700 年以上的古镇分别有东溪古镇、龙潭古镇、龚滩古镇；最受游客欢迎的有磁器口、合川钓鱼城、涞滩古镇等，这些古镇大多离市区较近，知名度较高且交通方便，因而客流量较大。靠近码头的古镇有磁器口、路孔古镇等，都是当时非常有名的水码头。保存最好的古镇要数江津的白沙、石蟆、塘河古镇。保存较好的古村镇都有一个共同点，那就是交通不便、地址较偏、区位不显，因为那些区位条件和交通条件较好地方的古村镇，早已被所谓的现代文明所替代。

重庆古镇发展大致分为三个阶段，分别是早期雏形阶段、中期形成阶段和晚期衰败阶段。

纵观人类建筑史，可以发现人类远古时期主要居住在山洞里，三峡地区是古人类巫山猿人的发源地，此地区地处四川盆地东南部，气候属亚热带季风湿润气候，春夏多雨、多雾。其北部、东部及南部分别有大巴山、巫山、武陵山、大娄山环绕。境内江河众多，有嘉陵江、渠江、涪江、长江及其各支流体系。巴渝地势起伏较大，地貌类型复杂多样，以丘陵、山地为主，坡地面积较大，有山城之称。

（一）早期雏形阶段

重庆许多寺庙的始端都是源于洞穴，古镇形成多肇始于寺庙的修建，寺庙来往人口众多，村民在寺庙附近交往、贸易、聚居，最后形成了集镇、交通要冲；古镇的形成还有一个原因，即生活、交通、地形等原因，人们长期聚居于固定区域，使其逐渐成为贸易中心和货物集散地。

（二）中期形成阶段

明清时期是重庆古镇快速发展的重要时期，这一时期政局稳定，国家休养生息，人口增加，移民大量涌入，为团结同乡和同行，众人集资修建了大量会馆、宗祠。这些移民建筑既有移民特征也结合了重庆建筑特点，促进了古镇发展。

（三）晚期衰败阶段

自晚清以来近一百年的战乱，损毁了大量有价值的建筑文物。文革破四旧也给古建筑带来了不可修复的伤害，保存完好的古镇日渐稀少。现代文明的腾飞，使得交通不便，偏远闭塞的古镇日渐没落，古镇最后成了贫困的代表。1998 年重庆直辖以后，市政府重视开发利用古镇资源，发展旅游经济。城市附近的古镇经济腾飞，给物质文化遗产的保护带来了困难；地处偏远的古镇，虽然旅游宣传工作开展了很多年，但进展缓慢，经济难有起色。

二、重庆古镇形成的类型

重庆古镇按照形成的原因大致分为：地处水陆交通要冲，靠近水码头或者地处交通枢纽，位于军事必争之地，少数民族聚居，有盐泉、矿产等丰富的自然资源等五大类。还有一些自然聚居形成的古镇类型，这一分类不具有绝对性，只是帮助读者便于区分。也有许多综合性古镇，它们既是交通枢纽又是军事要塞。重庆古镇按照自然选址类型又可分为：滨水缓坡型，如永川松溉古镇、磁器口古镇；滨水陡坡型，如忠县西沱古镇、江津中山古镇、酉阳龚滩古镇；腹地台坝型，如巴南丰盛古镇；腹地陡坡型，如重庆走马古镇等。古镇分类方式多样，不能穷举。

（一）重庆码头古镇

重庆因自然地理原因，码头文化非常发达。这一类型的古镇地处长江大河岸边、居民依托便利的水运聚居形成了古镇，包括白沙、西坨、龚滩、磁器口古镇等。

（二）重庆交通枢纽古镇

重庆地形复杂多样，交通非常不便，自古就有蜀道之难难于上青天之说。各地入川处多有因贸易、交流而形成的古镇，包括洪安、罗田、丰盛、塘河古镇等。这些古镇多是重要的交通枢纽。

（三）重庆军事要塞古镇

重庆地处西南，中央对地方的控制力比较薄弱，加上少数民族聚居，民族矛盾丛生，重庆自古以来就是镇守西南的军事重地。易守难攻、依险而建的军事重镇有涞滩、龙溪等古镇，合川钓鱼城因抗元成为非常出名的重庆军事要塞。

（四）少数民族聚居形成的古镇

重庆市是一个多民族大市。全市有 51 个少数民族，157 万少数民族人口，占全市总人口的 5.82%。在少数民族聚集区，有许多富有少数民族特色的古镇，如龚滩、濯水、后溪古镇等。

（五）重庆盐泉古镇

三峡、巴蜀盐业历史可以追溯几千年，重庆坐拥盐泉的重镇不胜枚举。盐业在人们的生活、国家经济发展中起着举足轻重的作用，有些村落因盐成镇，获得了长久繁荣。典型的有宁厂、郁山、云安等古镇。

重庆还有一部分古镇因名人故居而闻名，如双江古镇的杨闇公烈士故居，原国家主席杨尚昆故居；龙潭古镇赵世炎、刘仁的故居。这些古镇因为有名人效应发展保存较好。除了以上五大类典型的重庆古镇外，还有一些古镇是藏在深山中的，它们主要起到连接的作用，多数是作为方便附近居民物质交流的一个中介。这些古镇有中山、温泉、竹园等。

三、重庆古镇的特征

（一）自然特征

每一个古镇都是重庆建筑文化的缩影，有着共同的特征。重庆古镇的特征先要从重庆的自然地理特征，包括气候、水文、地形和地貌来分析。重庆地处北纬 29°，东经 106°，位于长江上游，属亚热带气候。全年最冷月平均气温 7.2℃，最热月平均气温 33℃，相对湿度大，在 80%左右。重庆是中国日照最少的城市之一，年均日照 1 259.5 小时。重庆三面环山，沟壑纵横，风速较小，每年秋末至春初多雾，年均雾日为 68 天，素有“雾都”之称。其气候恰如几句俗谚：春早气温不稳定，夏长酷热多伏旱，秋凉绵绵阴雨天，冬暖少雪云雾多。总的来说重庆气候具有高温、高湿、风缓的特点。

（二）人文特征

重庆人文特征在中国乃至世界范围内都独具特色，不光有着独特的山水文化、吊脚楼、石板街，还有古城墙、会馆庙宇建筑等。

特征一：山水文化

重庆地处四川盆地东南边缘，东部、南部靠大巴山，西部及中部以丘陵和低山为主，相对湿度大，少风多雾故而又有“雾都”之称。总的来说重庆气候具有高温、高湿、风缓的特点。重庆地域内江河众多，以长江为主，其支流有百余条汇于长江，长江分割巫山形成了瞿塘峡、巫峡和西陵峡三大峡。这样水中有山，山中有水，山水相依的古镇遍布巴渝，充满了山水文化气息。重庆是一座山水城市，山与水是生存与发展必不可少的条件。在生产力水平低的情况下，人们的生存在很大程度上受惠于自然山水提供的物资之利，同时需要借助山水之利来应对恶劣的气候条件，因此尊重自然、合于天地成为人们自觉的意识。重庆传统民居设计中大多强调人应亲近自然、顺应自然，与自然相互依存。[1]

特征二：吊脚楼

吊脚楼是一种半干栏式木质建筑，重庆建筑依山就势而建，与其他地方的吊脚楼有着一定的区别。就地取材在建筑中融入木、竹、石、砖混结构，使平面建筑面积窄小的空间瞬间增大，吊脚楼的形式有单吊式、双吊式、四合水式、二屋吊式和平地起吊式，重庆主要吊式为单吊式和双吊式，大多分布于沿河的古镇之中。吊脚楼作为重庆地区典型的传统民居形式，在建筑上“借天不借地、天平地不平”，依山就势，建筑天际轮廓线与山融为一体，同时在起伏多变的地形上建造接触地面少的房子，减少对地形地貌的破坏。[1]

特征三：石板街

石板街广泛分布于重庆古镇当中，许多古镇、老街都有以青石板铺就的街道。究其原因，一是当时建筑材料匮乏，只有向天借料，重庆石材较多，取材方便；二是青石板经久耐用，维护成本低；三是流行通用，当时各地普遍采用石材，广泛运用到大街小巷之中。

特征四：庙宇建筑

古镇是一个能够聚集人流的地方，许多寺庙建筑在古镇附近发展起来。人们来古镇的目的不仅是为了贸易和运输，还常常到寺庙里祈求生意兴旺、家庭平安，因此古镇里的寺庙承载着人们对美好生活的期盼。

特征五：城墙

明朝时期，重庆在原址的基础上扩大建城，设有 17 座城门，1929 年重庆建市，城墙才开始不断拆除，现今还存在着通远门等城墙遗址。合川钓鱼城是南宋抗元的根据地，至今仍保存着大量古遗迹。有些古镇中也保留着当年的土城墙，如涞滩古镇等。

特征六：明清建筑

重庆古镇大多地处偏远山区、交通不便，因此许多明清建筑群幸运地保存了下来。这些建筑主要是由民居和寺庙构成，寺庙相对于民居保存较好。此外古镇另有移民会馆、道馆、古桥、古佛洞等建筑。

四、重庆古镇的历史沿革

据调查重庆古镇有 28 个左右，主要有下述这些古镇：

宁厂古镇，位于重庆巫溪县附近，是中国早期制盐地之一。《华阳国志校补图注》：“当虞夏之际，巫国以盐业兴”，距今约 5 000 年之久。天然盐卤泉自镇北宝源山洞流出，从先秦盐业兴盛以来，宁厂古镇因盐设立监、州、县，明清时成为中国十大盐都之一。远古时期是“不绩不经，服也；不稼不穑，食也”的乐土。并因盐而兴，有过“一泉流白玉，万里走黄金”“吴蜀之货，咸荟于此”“利分秦楚域，泽沛汉唐年”的辉煌。今天的宁厂是《山海经》中所说的巫咸国，是三峡地区古人类文明的发祥地和摇篮，堪称世界的“上古盐都”和世界手工作坊的“鼻祖”。2010 年，获住房和城乡建设部、国家文物局授予第五批“中国历史文化名镇”荣誉称号。

东溪古镇，建镇 1 300 多年，其历史之悠久、环境之独特、民风之古朴、文化之丰富、技艺之精妙、布局之别致，凸显古镇风貌，素有“川东第一山水古镇”的美誉，是中国国家历史文化名镇、“重庆市十大名镇”之一。古镇有丰富的人文景观和优美的自然风光，可概括为两石、两碑、三宫、三庙、三瀑。两石是乌龟石和神石；两碑是“抚我孑遗”碑和“南平獠”碑；三宫是“南华宫”“万寿宫”和“万天宫”；三庙是“观音庙”“玉皇庙”和“镇海王爷庙”；三瀑是大、小金银洞瀑布和太平桥瀑布。

龙潭古镇建于1 800年前，位于酉阳土家族苗族自治县东部，地处武陵山区腹地，为酉东门户。龙潭古镇景区以龙潭古镇和赵世炎同志故居为主体，总面积3.2平方千米，是全国百个红色旅游经典景区之一。龙潭因伏龙山下两个状如“龙眼”的汆水洞常积水成潭，古镇自“龙眼”之间穿过，形如“龙鼻”，因而得名。龙潭自蜀汉以来，曾相继为“县丞”“巡检”“州同”“县佐”所在地，已有1 700余年的历史。古镇顺梅树河而建，规模庞大，保存完好。现存3千米的石板街被磨得光可鉴人、青幽如玉，古老的海生物化石时隐时现。50多座土家吊脚楼翘角飞檐，形态美观。龙潭古镇有1.4平方千米的明清建筑群，是重庆市保存最完好、规模最大的古镇。古镇内有文物保护单位27个，其中国家级1个，市级2个，县级24个。2012年12月，酉阳龙潭古镇风景区正式被国家旅游局批准为国家AAAA(4A)级风景名胜区。

龚滩古镇，是中国历史文化名镇之一，被誉为建筑艺术上的奇葩，具有1 700多年的历史。古镇现存长约3千米的石板街、150余堵别具一格的封火墙、200多个古朴幽静的四合院、50多座形态各异的吊脚楼，是国内保存完好且颇具规模的明清建筑群。龚滩古镇是位于重庆市首批20个受保护的历史文化名镇之首的古镇，因为古镇独特的山水环境而闻名。古镇居于乌江天险的中段，山、水、建筑融为一体，历史上完全因水陆的物资转换而发展，后因水运的衰落而失去繁荣的基础条件。

白沙古镇，建于1 700多年前，位于重庆江津白沙镇。建筑类型丰富，有寺庙、书院、洋楼、店铺、民居等建筑，古镇传统街区、吊脚楼是它的特点。具体建筑物有明清寺庙、学子书院、古街老巷川主庙、宝峰峙、聚奎书院、石柱洋楼、鹤年堂、千担岩汉墓群。白沙镇历史悠久，早在东汉就有人聚居，元代设建制镇。抗战时期白沙镇作为陪都重庆的后方，成为陪都三大文化区之一。抗战“万人大合唱”（1942 年 3 月）声震八方，名垂青史。新中国成立后白沙镇曾有 5 年为县府驻地，文化底蕴深厚。

安居古镇，建于 1 600 多年前，位于重庆铜梁安居镇。特色不明显，历来是铜梁、大足、潼南、遂宁、合川等县（市）的物资集散地，主要建筑物有“安居八景”和“九宫十八庙”、古镇建筑（传统街区）。

合川钓鱼城，建于 1 000 多年前，位于重庆合川。钓鱼城古战场遗址至今保存完好。主要景观有城门、城墙、皇宫、武道衙门、步军营、水军码头等遗址，有钓鱼台、护国寺、悬佛寺、千佛石窟、皇洞、天泉洞、飞檐洞等名胜古迹，还有元、明、清三代遗留的大量诗赋辞章、浮雕碑刻。

磁器口古镇，建于 1 000 多年前，位于重庆市沙坪坝区磁器口。主要建筑有宝轮寺、吊脚楼、石板街、磁器口码头。

松溉古镇，建于 1 000 多年前，位于重庆永川松溉镇，当时有九宫十八庙之说，据调查明清时期庙宇建筑达 20 余座，现幸存清洁寺。除宗庙建筑外，其他古建筑还有明清建筑群四合院、吊脚楼、飞龙洞、夫子坟、古宗祠、古县衙、石板街、陈公堰、长江中坝。

中山古镇，建于 1 000 多年前，位于重庆江津区南部的笋溪河畔。主要建筑有枣子坪庄园（清末）、龙塘庄园、石拱桥、三合场老街、过街楼，唐代寺庙双峰寺。

后溪古镇，建于 1 000 多年前，位于重庆酉阳后溪镇。重要的文物景点有后溪悬棺葬、土司白总管将军墓、龚氏节孝坊、后溪万寿宫、土家族摆手堂等。

石堤古镇，建于 1 000 多年前，位于重庆秀山石堤镇，处于易守难攻的险要之地，古人称之为“蜀东要塞”。主要有新旧两场，特色建筑卷洞门。

走马古镇，建于 700 多年前，位于重庆九龙城走马镇，自古以来便是商贾往返渝州、蜀都的必经之地。走马古镇尚存有古驿道遗址、古街区、铁匠铺、老茶馆、明清建筑古戏楼和孙家大院、慈云寺遗址等。

塘河古镇，建于600多年前，位于重庆江津塘河镇。主要建筑有龙门号（撑船人聚会之地——船帮会馆）、清源宫（清光绪）、王爷庙（明）、石龙门庄园（清乾隆）、延重祠（清光绪）、古街道。

石蟆古镇，建于600多年前，位于重庆江津石蟆镇。主要建筑有老街、望江大佛、望江古墓群、古挲陀国国王墓葬、清源宫。

重庆龙兴古镇，建于600多年前，位于重庆渝北区龙兴镇。主要建筑有全生堂药铺，已110余年，为青砖黑瓦典型巴渝民居。另有古庙、古寨、祠堂、老街民居及明清建筑刘家大院、华夏祠堂、基督教堂等。

偏岩古镇，建于500多年前，位于重庆北碚区东北部。主要建筑有禹王庙、戏台、青石桥，附近有南宋寺庙塔平寺。

丰盛古镇，建于500多年前，位于重庆巴南丰盛。明末清初数十座碉楼，现还有十余座有人居住，如十字口、书院街、文峰等。古镇老街两旁有典型徽派风格的全木质穿斗结构店铺。

西坨镇，建于500多年前，位于重庆市石柱土家族自治县。主要建筑有龙眼桥（明末）、云梯街、土家吊脚楼、紫云宫、禹王宫、万天宫、桂花园。

清泉古镇，建于400年前，位于重庆酉阳土家族苗族自治县清泉镇。古镇里有原生态的民居，还有险峻的廊桥及世界上最大的石磨。

双江古镇，建于400多年前，位于重庆潼南双江镇。主要建筑有古石板街、禹王宫、长滩四知堂（杨尚昆出生地）、河街丁字茶楼（清）、清代民居、杨氏民居、惠民宫、邮政大院、兴隆街大院等20余座清代民居建筑风格古民居。

路孔古镇，建于200多年前，位于重庆市荣昌区城东。主要建筑有古墓、古桥（7座建于乾隆嘉庆年间，如妃子桥、大荣桥）、千佛洞(宋代)、明清古街。

洪安古镇,建于200多年前,位于重庆秀山东南。主要建筑有土家苗寨古建筑群。

涞滩古镇,建于200多年前,位于重庆市合川区东北。主要建筑有二佛寺、老街、古瓮城。

第二节　重庆古镇建筑

一、重庆古镇建筑的形成

建筑产生于自然环境之中,在人类征服自然、改造自然的过程中,环境既带来了冲突与限制,也带来了和谐与创造。建筑的发展满足了人类在自然环境中求生存和安全的需要。严苛的自然环境迫使人类群居,采集社会时期便有了成片的建筑,农业社会后,人类不再到处迁徙,人类开始用心建设家园。古镇是由一个个建筑组成的,建筑构成了古镇的单元,重庆古镇建筑的形成几乎和古镇同时诞生。早期村镇的建筑非常简单,以木质立柱为主体,在梁架上覆盖茅草,或者干脆依山凿洞,或依洞而居。

二、重庆古镇建筑发展的各个时期

(一)重庆地区原始人类聚居

重庆旧石器时代就有多个猿人遗址,如丰都县冉家路口遗址、丰都县高家镇遗址、奉节县兴隆洞遗址、丰都县井水湾遗址、丰都县枣子坪遗址、九龙坡区桃花溪遗址。重庆旧石器时代晚期的文化遗址有铜梁县铜梁文化遗址、巫山县迷宫洞遗址、丰都县和平村遗址、奉节县横路遗址和三沱遗址等。在重庆旧石器时代文化遗址中，在居住类型方面洞穴遗址与旷野遗址兼具。如中期的兴隆洞遗址、晚期的迷宫洞遗址等皆为洞穴遗址。但旷野遗址数量远多于洞穴遗址，如中期时洞穴遗址只有 1 处(兴隆洞遗址)，而旷野遗址有 5 处(冉家路口遗址、高家镇遗址、井水湾遗址、枣子坪遗址、桃花溪遗址)；晚期时洞穴遗址也只有 1 处(迷宫洞遗址)，旷野遗址却有 4 处(铜梁文化遗址、和平村遗址、横路遗址、三沱遗址)。这种现象可能暗示，古人类在选择洞穴作为长期居址的同时，可能有更多时间需要去洞穴之外进行活动。洞穴之外一方面有较长时间的活动营地，另外还有短期停留时生活资料补给场所(短期休息停留地)。这种现象与早期人类复杂的生活模式是相符合的。[2]

重庆地区新石器时代遗址目前发现约 80 处，主要的发现有以下几次：新中国成立以后在长江沿岸开展的文物专题调查取得了初步收获；1992—1996 年三峡库区调查发现 30 处遗址；1997 年以来，三峡考古发掘过程中，又陆续取得了巫山人民医院、云阳大地坪遗址等重要发现；2000 年以来，重庆市文物考古所在酉水、乌江、嘉陵江、渝西长江等区域新发现了 39 处新石器时代遗址。[3]上述文化遗址足以说明在重庆地区原始人类已经开始聚居生活，逐渐衍生出氏族——巴族。巴族是长江三峡地区发展起来的一个氏族，他们逆江往上游迁徙，来到了今天重庆渝中区，随着人口数量的增加逐渐扩散开来。因长江夏季涨水许多人搬迁至山上，也有些人选择依洞而居，具有代表性的有华岩洞等。

(二)秦汉时期的发展

秦以前巴国与中原地区交流较少，对巴国建筑风格的影响很小。秦灭巴，对巴国的政治经济文化发展产生了深远的影响。据《华阳国志·巴志》记载："周慎王五年(公元前 316 年)遂伐蜀，灭之。仪贪巴、苴之富，因取巴，执王以归。"[4]这个时期秦统治巴地，大量中原思想文化传入以及大批其他区域人口的迁入，使得巴地的政治、经济、文化、手工业、建筑等各个方面都有了巨大的发展和进步。中原建筑思想理念及方法的更进一步传入，使得巴国城镇快速发展。

秦后期受战乱的影响，人口锐减，经济受到严重破坏，巴地建筑文化发展逐渐停滞。西汉时期，刘邦采取休养生息的政策，使得生产得以恢复，各行各业发展促进了巴地的经济、文化、建筑等方面发展，建筑文化也有了长足的进步。东汉时期巴渝地区受战乱影响较小，当时公孙述割据巴地，政治、经济、文化等稳定发展。东汉初期王朝稳定，其政治、经济、文化建筑等方面都有所发展，这个时期佛教开始传入，佛教建筑艺术逐渐融入巴渝建筑文化之中。东汉初期道教“五斗米教”建立发展，对巴地影响很大，阴阳五行学说特别是道家的风水之术，对巴渝城市发展、建筑选址起到了一定的指导作用。刘焉、刘璋父子割据巴地，战乱对巴渝的影响并不大，政治、经济、文化等保存也较为完整，为这一时期的建筑发展提供了基础。

秦汉时期，佛道儒各流派的发展都对巴地的建筑艺术思想有一定的影响。手工业的发展、铁器的使用使得城市政治经济基础更为牢固，发展更为迅猛。巴地森林资源丰富，《汉书·地理志》记载巴渝地区有江水沃野，山林竹木疏食果实之饶。巴渝地区的大量木材常常运往中原，杜牧的《阿房宫赋》中就有“蜀山兀阿房出”的描写。巴渝地区的建筑材料具有多样性，其中竹、木、泥在建筑中都有运用，特别是类似现代钢筋的竹筋，和泥土一起做成的墙非常经久耐用。此时木工技术也有发展，开始逐步运用到建筑中去，如榫卯结构的使用，各种深雕、浅雕等雕刻技术逐渐成熟，结构体系更为稳定。还有砖、瓦的运用，巴地出现了地板砖、砖墙、画像砖等，还有一些装饰文饰运用到了建筑中，瓷器技术的发展也运用到了建筑装饰里。

（三）三国两晋南北朝时期的发展

三国两晋南北朝时期，佛教对中国文化影响更大，大修寺庙、雕塑佛像、绘制壁画蔚然成风。这个时期巴地社会动荡、经济衰退，建筑风格受到各地区文化的影响。特别是佛教的大规模传入，佛教的一些装修风格逐步引入其中。两晋南北朝时期，今重庆市修建的佛寺和雕塑的佛像较多。忠县境内有汉代修建的拔山寺、龙兴寺、普明寺、大成寺和东晋穆帝永和年间(345—356 年)修建的宝珠寺:大足县境内有东晋穆帝永和年间修建的西禅寺;重庆市北温泉有刘宋景平元年(423 年)建造的北泉寺;丰都县境内也建有佛寺，据北魏郦道元著《水经注》记载:“县有天师治，兼建伟寺，甚清灵。”近年来，李庆、罗兹柏在《重庆历史文化》一书中提到在丰都县槽房沟墓出土汉代佛像，为长江流域最早的摇钱树铜佛像。

这个时期政局的动荡、朝代的更替使得巴渝地区经济增长缓慢，民居建筑发展较缓慢。

（四）隋唐时期的发展

隋唐经济繁荣，巴地并不是当时的政治文化中心，但其社会稳定、经济发展、城市不断扩大、人口增加、对外交流频繁。中原文化的进一步传入，佛教密宗、道教天人合一的观念不断影响着巴渝地区建筑形式的发展，尊重自然的文化推动着民居、商业建筑的进一步发展。唐末国家分裂，但割据并未使该地发展受到巨大冲击。此时农业发展迅速，农村中出现了集市，后来形成市镇。陆贽在(全唐文)卷四六五(均节赋税恤百姓六条)中提到“安史之乱”以后，“制度驰紊，疆理隳坏，恣人相吞，无复畔限。富者兼地数万亩，贫者无容足之居。”巴渝地区也是如此，不仅兼并豪家连疆接畛，就是地方官员也在随意兼并，大量置田产。随着土地兼并的不断扩大，巴渝地区相继出现大批私庄。入唐以后，巴渝除了建有园林台榭的别墅之外，还有一类因经营田产而设置的私庄，通常称为“庄田”，有时候也简单地称作“庄”。最初庄田和别墅有所不同，不过中唐以后，巴渝的庄田和别墅就常常互相通用，后来形成了私人的庄园。

（五）两宋时期的发展

两宋时期，巴渝的经济更是发展迅速，城市建设打破了传统的里坊制，商业活动空间更加开放。宋代重庆地区农业经济发展的重要标志是梯田的大量修建，这是川东丘陵地区农民战胜自然，对土地开发利用的杰出成就。人们随山坡的倾斜，把坡土改成阶梯形，层层而上，地边筑埂，积水灌溉。宋太宗时（976—997 年），重庆地区仅 4 个军州（渝州、合州、昌州、南平军），只有 6 万户；到 1102 年已是 13 万户，30 万人，到公元 1162 年的南宋时，有 110 余万人。农业和人口的迅速发展，使得农村中出现了集市，后来形成市镇。在农业发展的基础上，手工业较前代有了发展。以纺织业、茶叶、瓷器的发展为例，宋代时向朝廷进贡布匹的地区增加到昌州、渝州、南平军三个军州。茶叶的生产点重庆地区增加了合州、南平军两个军州。南平军因生产茶，成了宋朝与南方少数民族进行茶马互市的一个重要地点。制瓷业在重庆地区更独具特色。这里生产的一种黑釉瓷器，釉面纹饰丰富，有兔毫纹、玳瑁纹、油滴纹、鹧鸪斑纹以及最珍贵的曜变花纹。坐落在今南岸区黄桷桠一带的宋涂山窑，前后绵延上十里，是当时重庆生产这种黑釉瓷的最重要产区。合州还是造船中心，南宋时，四川打造的运送马匹的马船，大部分都是合州制造的，仅 1167 年一年，四川宣抚司就拨钱 7.5 万缗给合州，让造马船 200 艘，以运马匹到荆南地区。手工业分工更加精细，工艺也更成熟。随着农业、手工业的发展，商品增多，商业交换迅速发展繁荣起来。当时渝州城边，长江、嘉陵江里，商船舟楫往来交错，十分繁荣。随着商品经济的发展，一批农村集镇涌现出来，其规模比例已超过经济最发达的成都府路。当时成都府路有 14 州 58 县，有集镇 158 个；而重庆地区仅渝、昌、合 3 州

11县，就有镇106个。城市里夜市的出现丰富了人们的生活，各种娱乐性建筑出现，园林也大量发展，成为人们活动的场所。[5]

（六）元明清时期的发展

元朝将宋朝建筑破坏殆尽，刘敦祯先生在1940年受事中央博物院与中国营造学社对西南诸省古建筑进行调查之后，在其所著的《西南古建筑调查概况》中曾经对宋元时期，战争对巴渝地区建筑的破坏有过这样的评述："其尤甚者，为元自汉中侵川，48年间（自宋理宗绍定四年至元世祖至元十五年，公元1231—1278年）前后十有五度，而元宪宗且殁于合州一役。"

元代将治下人民分为四等，打压南人，攻破巴渝后大肆屠戮当地土著，巴地人口锐减，十室九空，发展趋于停滞。"元朝建立后，没有采取由官方出面组织移民入川的措施；没有劳动力，致使生产不能恢复。"[6]之后元代的将近100年间，巴渝地区的开发基本停滞，社会经济一直未能得到较明显的恢复，城市、建筑的发展也随即进入了一个蛰伏期。

宋末抗蒙（元）战争长达52年（1227—1279年），巴渝地区是双方争夺的重点，又是最早受到蒙古军队侵扰和最早爆发宋蒙战争的地区，战争时间延续很长。因此，一大批战争防御性城市和建筑在巴渝地区出现。元朝统治期间，由于统治阶层的游牧文化，以及元与宋、金战争中蒙古骑兵屡遭城池困扰的惨痛教训，使得元朝政府对地方性城市的修筑一直缺乏足够的兴趣，甚至还曾下令拆毁了一些地区既有的城垣。这使得巴渝地区的城镇建设在元代一度处于停滞甚至倒退状态。战乱过后的巴渝地区"地荒民散"，迫使元朝政府将四川政区州、县等级行政建制进行了大规模的变动，各路都出现了"改州换县"的现象。县城的数量也在宋代180座的基础上跌到了元代的96座。这种情况一方面真实地反映了战争带来的破坏，另一方面也进一步导致了巴渝地区城市建设的停滞甚至倒退。

明清时期巴渝地区进入高速发展时期，明朝两次湖广填四川的外来移民运动，使大量人口迁入巴渝地区。明初第一次“湖广实川”使得巴地劳动力得到补充，经济得以复苏，集市、村镇、寺庙等公共建筑增加。明代早期，巴地建筑出现了穿斗式、砖木结构的运用。在明清时期的“湖广填四川”的运动当中，不同地区的移民汇入四川，各地移民文化与巴渝文化发生交流与碰撞，出现族群与文化的重组与整合。

陈世松在他的《四川通史》第五册里面就提到明朝末年，张献忠率农民起义军攻占重庆，清初张烺在《烬余录》“顺治五年”一项下记载，“蜀民至是殆尽矣。今统以十分而计之，其死于献贼之屠戮者三，死于姚黄之掳掠者二，因乱而自相残杀者又二，饥而死者又二，其一则死于病矣”。1661 年，清政府对四川进行户籍清理，全省仅有人丁 16 000，如果按一丁五口计，总人口才 8 万人左右。随后清政府出台一系列政策，将湖广等地人口迁入四川，到清代中期人口已达到百万有余。随着经济的恢复，建筑文化得到了长足的发展，各地富有地域特色的建筑文化也融入巴地建筑中去。这一时期巴渝建筑从普通住宅到公共建筑，都采用了穿斗与抬梁的结构，穿斗构件成为民间建筑的主要结构体系，并影响了其他公共建筑。其建筑因空间的局限性，发展出具有山水园林特点的建筑文化。

巴渝地区现今遗存的古建筑多是明清时期的建筑，明清时期巴渝建筑发展较快，建筑类型也比较多，在经历过两次大规模的移民后，巴渝地区住宅通过与不同地区建筑的相互影响，适应本地自然环境，形成了具有巴渝特色的建筑风格和技术特征，并开始走向程式化，广泛地影响了其他公共建筑。村镇的发展促进了商业建筑的长足发展，除此之外大量民居与商业建筑融合在一起，形成了下铺上家的格局，或是前铺后家的建筑形式。其他如书院、寺庙、会馆等公共建筑也有所增加和恢复。

王纲著的《清代四川史》中，在巴渝地区移民的绪论篇中写道："一个'湖广填四川'的大移民高潮兴起，全国各地、东西南北的人民涌向四川。他们从四面八方带到四川的政治、经济、文化观念，生产经验和人口素质的优势得以充分发挥。并且通过广泛的杂交创造出新的经验，新的品种，新的文化，新的思想。"移民增加、村镇兴起，外来人口带来了外来建筑文化，给建筑的发展带来了新的活力。移民活动带来了大量会馆的发展，如湖广会馆，江西会馆等都运用了他们当地的建筑风格。

童恩正在他著的《古代的巴蜀》中写道，明清时期巴渝文化的主流是移民文化，而移民文化的主要特征就是各地域文化的交流、碰撞与融合。一方面，各种建筑类型、构建技术以及空间观念得以兼容并存、综合提炼，形成了巴渝地区特有的建筑文化。另一方面，建筑上多元文化元素并存，各自相对独立，即所谓的"五方杂处，俗尚各从其乡"，使得巴渝各地区的建筑呈现出一定程度上的差异性。由于移民的主体是湖广人，所以湖广文化对巴渝文化的影响最为深远。湖广文化与巴渝文化在历史上一直有着渊源关系，就文化类型而言，巴渝与楚成为一个系统，而自有其特征。尤其是川东地区与东边的荆楚地区始终保持着亲密关系，在自然环境、语言风俗方面存在许多相似，即所谓"蜀楚接壤，俗亦近似"。

元明时期，在统治阶级的支持下，佛教寺庙发展非常快，明代佛教寺庙代表有东华观、宝轮寺、北碚温泉寺，清代佛教寺庙有梁平双桂堂、涂山寺等。明朝对于道教采取兼容利用的态度，道教建筑也有很大发展。清代之后，失去了统治阶层支持的道教逐渐衰落，宗教活动更多面向民间，道教建筑受民间建筑影响较大，多为小式木作，一般不施斗拱，并常饰以精美雕刻。如涞滩古镇的文昌宫等。

巴渝地区水路发达，自然发展形成了码头、集镇。水路交通是巴渝地区效率最高的运输方式，由水码头发展成的场镇蓬勃地发展起来。如“川江(长江)主要支流嘉陵江、沱江、岷江都在粮食和棉、糖、盐产区,汇流而下,集中在宜宾、泸州和重庆,从而形成了一个沿江的城市贸易系统。”[7] 陈金川在他的《地缘中国——区域文化精神与国民地域性格》一书中提道,物质交换速度加快加速了经济的发展,而经济的繁荣有力地推动着场镇的建设。地域建筑文化的融合、人口迁入的历史演进在一定程度上可以视为巴渝地区的先民以开放的姿态不断迎接与融合外来人群和外来文化并取得成就的历史。这点在明清时期的“湖广填四川”的移民运动中体现得尤为突出。

纵观巴渝地区元明清时期600多年的历史,战争、移民等一系列的重大社会变革成为社会发展的主流,它既是挑战又是机遇,它引发了社会的阵痛,但同时也成为推动社会发展的新动力。巴渝社会的兼容性和开放性正是在它的不断自我完善、弃旧图新中体现出来的。自然地理空间环境、社会经济生产方式、地域民族民俗文化发展差异等,都会在物质文化上留下烙印。独特的自然环境和特殊的文化历史背景塑造了巴渝地区建筑别具一格的特色,这种特色整体中透着个性,个性中又不甚偏颇,杂而有序,多元统一建筑作为人类文明的物质文化体现,反映了社会发展的各个方面,而历史文化的积淀更深刻地表现在历史建筑的地域特色上。

三、影响重庆古镇建筑形成发展的因素

梁思成先生曾说过:“建筑之始,本无所谓一定形式,更无所谓一定派别,其先盖完全取决于当时彼地的人情风俗、气候物产。”影响建筑的主要因素包括:气候、地形、水文等自然因素和政治、经济、文化、民族融合、宗教发展等人文因素,建筑因不同的地理气候条件,展现出鲜明的地域性特征。

（一）环境因素

1. 自然环境

巴地区多山，北有大巴山，东有巫山，东南有武陵山，南有大娄山，是以有三面环山、丘陵众多的特点；又多江河纵横，长江、嘉陵江、乌江、涪江、綦江、大宁河等从本地区经过。便利的水路是区域间进行交流的主要形式，随着商业的发展，江河交汇处逐渐兴建起一些村落，遵循中国传统的建筑风水观，这些聚落往往有着“背山、面水、向阳”的选址模式。“背山”是指建筑后的高山树木葱郁能阻挡冬季的寒风，降低夏季的室外温度；“面水”是指水陆风有利于建筑的通风散热，在夏季闷热的重庆，凉爽的水陆风尤为重要；“向阳”是指建筑朝南能享有充足的阳光，使人身心舒坦。磁器口、临江门等皆为此种模式。

重庆气候可以概括如下：春早气温不稳定，夏长酷热多伏旱，秋凉绵绵阴雨天，冬暖少雪云雾多。在特定的自然环境影响下先民因地制宜，设计出适合当地人居住的建筑——吊脚楼。它是一种半干栏的建筑形式，长江流域潮湿气候，居住在江边陡坡的人为了阻挡湿气侵袭，本着节约资金的原则，依势而建。今天重庆地区的龚滩古镇吊脚楼最为多见。

重庆地区森林众多，植被茂盛，居民就地取材，使用木材搭建房屋，用木板做墙或者用竹子做筋，用泥做夹墙。重庆多山，当地居民开采山石用石板铺路，既节约成本又经久耐用。

2. 人文环境

一方水土养育一方人，夏季气候炎热，普遍有出门纳凉的习惯，晚上常沿街边铺席而眠。巴地建房有院无墙的特点，方便与人交流沟通。巴地人喜交往，茶馆文化也非常红火，据唐代陆羽的《茶经》一书中写道：“茶者，南方之嘉木也……巴山峡川有两人合抱者。”说明巴地茶文化的渊源。重庆茶馆遍及城乡，大街小巷，坐在茶馆喝茶,成为男女老幼不可缺少的习惯。原来古镇中茶馆比较多,在磁器口古镇20世纪80年代还有大量茶馆,旅游经济兴起以后渐渐没落了。除了茶馆,大街小巷有着数量繁多的茶摊,方便过路人解渴、聊天。

重庆湿度大,人们爱吃火锅等麻辣食物以驱除体内之寒,造就了巴地的饮食文化的发展,进而要求建筑的通风等。

(二)人文因素

1. 政治文化及心理的因素

政治文化是人们对于政治生活的政治价值取向模式,它是一个社会关于政治体系和政治问题的态度、信念、情绪和价值的总体倾向。政治文化具有延续性,它通过政治社会化(political socialization)得以传播和沿袭。

政治文化的延续性使一国文化有可能代代相传,也使国家、地域、民族之间的政治文化呈现出长期的差异性。政治文化作为一种社会意识形态,是人们参与现实政治生活过程的经验积累。

重庆地区位于中原大地的西南边陲,自秦朝统一六国,张仪在巴国筑城墙以来,重庆地区与中原统治者的联系从未中断过。重庆地区民族众多、地理环境复杂,交通虽然多有不便,但历来在自我心理认同中与中原王朝是一体的。无论是大一统的秦、汉、唐、明,还是战乱格局状态下的蜀、南北朝、南宋,在政治文化中的自我认同是一直存续的,在文化脉络上是一脉相承的,巴渝建筑文化与中国建筑文化具有一脉相承性。

2. 政策、经济、文化、民族融合、宗教发展

王朝的更替对建筑的影响是巨大的,战乱造成了人口锐减、经济衰退,元朝因痛恨巴渝地区对蒙古征服者的顽抗,在攻陷巴渝后大肆屠杀当地居民,造成了人口锐减,巴渝本地文化在战争中迅速衰落。在元朝统治时期,巴渝地区的开发基本停止,社会经济一直

未能恢复，城市、建筑的发展进入了蛰伏期。

经济的腾飞必然带来文化的发展，明朝全国性建城活动使巴渝地区的城市建设水平达到了一个新高度，城市功能和布局开始初具规模。随着经济的恢复，场镇也逐渐发展起来，使得公共建筑、民居快速发展。

政策对建筑发展具有重要影响，以明清时期的移民政策为例，大量的人口迁入带来了经济文化的腾飞，迁入地居民带来了具有地域特征的建筑构造形式，如封火山墙等。

统治者对宗教的态度极大地影响了宗教建筑，如史上三次灭佛运动，导致佛寺大量减少，建筑佛像被毁。元朝政府推崇藏传佛教，政府赋予寺院许多政治和经济上的特权，佛教建筑在全国范围内得以繁荣发展。在巴渝境内遗存的元代建筑中，多数也为佛教建筑。

第三节　重庆古镇庙宇建筑

庙宇建筑主要分为宗教建筑、宗庙建筑、会馆性质的建筑。宗教建筑是宗教性的，而宗庙建筑则是礼制性的。宗教建筑是古建筑中重要的一部分，主要有佛教寺庙、道教道观和伊斯兰教的清真寺等，重庆古镇中的宗教建筑主要以佛道建筑为主，零星分布伊斯兰教、基督教建筑；宗庙、会馆性质的建筑主要是以纪念性的祠庙、家庙、祠堂为主，重庆会馆建筑以湖广会馆禹王宫最多，除了各地移民带来的移民会馆还有少量的行业会馆。

庙宇建筑是古镇建筑的一部分，庙宇建筑文化是构成古镇文化的重要因素之一。

文化的发展和形成是全社会各行各业共同发展的结果，统治阶级占据主导地位，被统治阶级是主体。庙宇建筑往往在古镇中承担着许多重要作用，包括祭祀、集会、节日庆祝活动等，除此之外还在婚丧嫁娶等习俗和传统节日当中也扮演着重要角色。

庙宇建筑文化的发展和形成离不开宗教的发展和形成，大体可以分为如下几种类型。

儒教建筑：春秋时期孔子及其弟子创立儒学，主张“仁”“礼”，倡导恢复周礼，汉朝儒学发展成为显学，一直延续了两千多年。儒教建筑形制颇多，包括祭祀用的文庙、先贤祠庙，表彰用的牌坊、阙等建筑。

佛教建筑：佛教在汉代传入中国，其宗教建筑在传入的过程中逐渐与中国传统建筑相融合，出现了具有中国特色的佛教建筑，主要包括大雄宝殿、塔、龛、石刻等。汉朝时期，塔是存放佛教高僧大德的舍利的地方，在逐渐融入的过程中，塔的地位逐渐下降，从一开始的佛寺的正中间到佛寺的角落，最后仅仅用浮屠代替甚至用大雄宝殿代替了其主导地位。

道教建筑：道教是中国的本土宗教，流派繁多，共同追认春秋时期道家先贤老子为祖师。道教是多神教，在形成过程中融入了大量的自然神祇，道教建筑主要有：道观、（一般包含玉皇殿、三清殿、文昌殿、会仙福地等）城隍庙、王母庙、三清观、魁星楼等。

一、重庆古镇庙宇建筑的形成

佛教建筑传入中国的时间大约是在汉代，传入的地点从北方再到南方，巴渝地区最早出现佛寺大概是在蜀汉晚期。道教是本土宗教，源于春秋战国，东汉时期出现了各种道教组织。重庆早期道教场所代表有三清古洞。基督教传教到中国共有四次，第一次在唐太宗贞观九年（635 年），第二次为元朝，第三次是明末清初，第四次是在清雍正五年（1727 年），但真正立足则是鸦片战争后，它以沿海通商口岸为基地的迅速传播发展。重庆天主教堂代表是始建于1893年的若瑟堂。伊斯兰教传入中国的说法很多，隋唐时期国家开放，特别是丝绸之路为宗教的传播打开了大门。重庆伊斯兰教堂清真寺较少，其主城清真寺是在明万历年间侍郎马文升主持修建，在抗日战争时期南寺被毁，1982年重建。

宗庙、会馆性质建筑的形成时间大多跟移民潮有关，由于战乱、政策等原因，中国历史上有几次大规模人口迁徙，重庆历史上的移民分别有巴人移民建立巴国政权，僚人大迁移，元末明初、明末清初两次湖广填四川，抗战移民，三线建设移民，以及当今的三峡大移民等。据考证表明，重庆地区历史上属巴，被中原人称为蛮夷，经济不发达，交通不便，早期移民的可能性较小。而元末明初和明末清初，四川经过战乱，导致人口急剧减少，从中央到地方各级官府采取了一系列措施吸引外地移民。移民当中以湖广两省、贵州省等地最多。其次还涉及江西、福建、广西等十几个省份的居民，人口达到100余万。这几次移民是重庆地区宗庙、会馆性质的建筑的始端，很多古镇中都有这些移民的聚居地，也建设了一批有地方特色的会馆建筑。

重庆古镇的形成和庙宇建筑有着不可分割的联系，可以说是相互依存，也可以说是因果联系。古镇有的是因该地建有寺庙，寺庙是个聚集人气的地方，随着前来烧香理佛的香客增多，庙宇周边便有了各种商业活动，成为人们交流和沟通的聚集地。而有些庙宇选择在村镇中建寺，一来方便信徒烧香拜佛，二来方便僧人生活，因此寺庙建筑就应运而生了。重庆地区现在全市开放寺庙83座，道教活动场所13处，天主教教堂57处，基督教教堂50余座，伊斯兰教清真寺8座。

二、重庆古镇庙宇建筑的现状

重庆有着3 000多年的悠久历史，在人类文明历史上占据着重要的地位。当地建筑大多沿江而建，改革开放之后，重庆市进行了大规模的建设，多个文物保护单位开展了古建筑保护、维修的工作，这些建筑物中以古镇建筑为代表的重庆特色文化遗产成为我们重点考察的对象。

近年来随着旅游市场规模的扩大，许多古镇被开发用于商业用途，古镇中的庙宇建筑作为古建筑中的特殊群体，其保护利用与管理受到了社会各界的关注。

在重庆属于文物保护单位的建筑大多都受到了较好的保护。庙宇建筑是古镇建筑中的重要组成部分，是人流聚合地，是重庆传统文化的特殊载体，这些集聚地的建筑物具有深厚的历史价值和文化价值。

据考察发现古建筑保护存在以下困境：

有些古建筑损毁比较严重，现保持原状，如丰盛古镇的禹王宫。

有些保存较好的古镇得到了适当修缮，这种情况最多，重建重修都是最常见的，许多古镇中的庙宇由于商业开发，都进行了很多的维修工作，具有代表性的有磁器口的宝轮寺大殿等。

大多现代修缮的建筑维修手段比较粗糙，主要采用现代建筑工艺。除此之外许多古镇中的庙宇建筑也存在漏雨、建筑构件损坏、地砖塌陷、梁柱虫蛀、腐朽严重等问题。

参考文献

[1]伍未，魏宏杨．浅谈重庆传统民居对气候的适应．山西建筑，2009(03):59.

[2]武仙竹，邹后曦．重庆远古人类与旧石器文化．江汉考古，2013(3):89.

[3]重庆文化遗产保护中心，重庆市文物考古所．重庆考古 60 年.

四川文物,2009(6):17.
[4][西晋]常璩．华阳国志·巴志．唐春生等译．重庆:重庆出版社,2008:297.
[5]贾大泉．四川通史第四册．成都:四川大学出版社,1994:102.
[6]张石红．四川在古代的开发历史．文史杂志,2000(3):45.
[7]吴承明．中国资本主义与国内市场．北京:中国社会科学出版社,1985:182.

第二章　重庆古镇庙宇建筑种类

重庆地区宗教类别众多，不仅存有儒教、佛教和道教，还有原始巫教、基督教和伊斯兰教。宗教庙宇建筑大多建于人流量较大的城镇之中，随着朝代的更替、时代的变迁，许多古镇已不复存在，或者已被开发得面目全非。据调查统计发现，现存比较完整的重庆古镇共有 28 个，古镇中的庙宇非常多，据文献考查，许多古镇有“九宫十八庙”的说法，虽然有一部分古镇建筑因为时光变迁、战乱、自然灾害等原因被损毁，但是古镇内还是有不少宗教场所幸存了下来。从类别和数量上看，道观、佛寺、神庙、会馆、宗祠较为普遍，天主教堂、清真寺较少。按宗教分类，可分为佛教建筑、道教建筑、同乡或行业会馆建筑、宗祠文庙建筑和基督教建筑、伊斯兰教建筑等；按房屋风格特点分类，可分为中国传统风格建筑、移民风格建筑和异域风格建筑等；按分布区域分类，可分为重庆主地区及重庆周边区县、重庆少数民族地区等。

第一节　按宗教类别分类

一、佛教建筑

（一）佛教建筑起源及种类

佛教起源于古印度，东汉永平年间传入中国。佛教建筑复杂多样，以石窟寺、佛寺、佛塔为主。我国佛教建筑在初期受到印度影响，石窟寺源自古印度，是在山石、崖壁间开凿洞窟，以供僧人聚居修行和进行宗教活动的处所。其主要型制有两种：一种是具有礼拜用途的“支提窟”，平面呈马蹄形，中心设塔；另一种是居住用途的“毗诃罗窟”，平面为方形，内侧三面有若干窟室。石窟寺传入中国后，与中国传统文化和木构架建筑体系相融合，成为中国佛教建筑的特殊形式。以摩崖造像和摩崖佛寺建筑为特征的巴蜀摩崖石刻，是石窟寺在中国发展的最后一个时期。[1]

传入之初，寺院建筑参照印度佛寺模式，以塔为中心作为一座寺庙中最主要的建筑，四周建有殿堂。在与中国传统的楼阁建筑相结合的过程中，塔身逐渐从正方形变成了六边形、八边形乃至圆形，塔中供奉着舍利、佛像等。唐代中后期，殿堂逐渐取代佛塔成为中心建筑，佛塔被移于寺前、寺后或在寺外另建塔院。在与中国传统建筑融合的过程中逐渐形成了以大雄宝殿为中心的佛寺结构，寺院坐北朝南，主要殿堂依次分布在中轴线上，“在各种变相图中中央部分所画的建筑背景也是正殿居中，其后多有后殿，两侧有廊，廊又折而向前，左右有重层的楼阁”。[2]

在中轴线后部的庭院内布置正殿，依次为山门、天王殿、大雄宝殿、法堂、毗卢殿或藏经楼、方丈室等。东侧有僧房、香积厨、斋堂、职事房、茶堂、延寿堂等。西侧多为接待云游僧人的禅堂等。“以若干建筑围绕而成庭院是中国建筑的特征，即中国建筑平面配置的特征，这种庭院大多有一道中轴线（大多南北向），主要建筑安置在此线上，左右以次要建筑物对称均齐的配置”。[2]

（二）重庆古镇中的佛寺

据调查重庆古镇中的现存佛寺有 16 个左右，现列举如下：

东溪古镇龙华寺，位于重庆市十大名镇之一的綦江区东溪古镇上场岩口湾悬崖上。东溪镇历史源远流长，于公元前 202 年建场，名万寿场。其历史之悠久、环境之独特、民风之古朴、文化之丰富、技艺之精妙、布局之别致均极负盛名，素有“川东第一山水古镇”的美誉。龙华寺始建于清雍正四年（公元1726年），该寺前身为观音庙，依山就势而建，系砖木结构，四周回廊，飞檐翘角，雕花木窗，古色古香。龙华寺地处悬崖之上，是晨观日出，俯瞰太平桥、三河汇流风景的绝佳之地。昂首生威的龙华寺外观气势恢宏，内藏古旧戏台，雕梁画栋。有镂空木刻、浮雕壁画，刻画一个个历史典故，人物各具情趣、栩栩如生。殿堂内座供奉的神像凛然威严，在政府的支持下，当地信众完成了对龙华寺的保护性修复工作。现在的龙华寺占地面积400多平方米，已建成有大雄宝殿、韦驮殿等。现正在修建山门殿，塑四大天王像等。东溪古镇还有观音阁、大雄殿庙、佛灵寺、水口寺。观音阁始建于清康熙十八年（1679年），位于上平桥桥头。建筑面积340平方米，系砖木结构，内有大小菩萨41尊。大雄殿庙始建于明崇祯二年（1629年），占地400多平方米，由府营造，庙内供奉释迦牟尼及燃灯佛祖。佛灵寺始建于清宣统元年（1909年）6月29日，建筑面积200多平方米，1952年庙内设施被毁，2005年6月1日恢复。有大小塑像23尊，主要供奉观世音、弥勒佛等。水口寺建于清乾隆四十九年（1784年），属土木结构，呈一字形，占地800多平方米，建筑面积400多平方米，庙内供奉禹王神像、观音菩萨等。

白沙古镇周边的石门大佛寺，据《江津县志》中记载“大佛寺，距城百里，近石门场大江边，古凿大佛高十丈许，左有石如净瓶，右如鹦鹉，寺依岩石建筑，高达十余丈，为楼七层。”大佛寺总建筑面积720平方米，东西各有一条石曲径从崖上到河边与寺院相连。大佛寺是三合院布局，左右为厢房，中间是正殿，依次分为送子殿、观音殿、雷神殿，寺内石刻造像是一尊通高13.5米的观音造像。正殿为七重檐山式顶，琉璃瓦铺顶，正中饰宝瓶，翼角均装饰有鸱吻，抬梁式梁架。左右厢房为石木结构，硬山式顶，小青瓦铺顶，穿斗式梁架，六柱四穿。整个山门依山崖而建，结构严谨，雄伟壮观。

石门大佛寺建筑为七重檐山木结构建筑，是中国清代典型的高层建筑。

安居古镇波仑寺，据记载，唐初（618 年）有异僧自什邡建寺于此。明万历年间修大雄宝殿。清康雍年间两次庙僧募金修葺。20 世纪 50 年代，波仑寺曾被列为省级文物保护单位。

磁器口古镇宝轮寺，又名龙隐寺，建于唐初，大雄宝殿正梁上刻有"尉迟恭建修"字样。寺地范围较大，由大雄宝殿，至马鞍山，一直到童家桥，都是宝轮寺范围，到处都修建有神殿庙宇，气势恢宏。

中山古镇双峰寺，位于中山镇南 15 千米外的白鹤村，原名景德寺，属佛教临济宗派。凭碑刻记载，大约建于唐末，在明代和清康熙、道光年间相继维修，该寺保存下来的古建筑占地约 6 500 平方米，寺庙建筑约 3 500 平方米，主体建筑属土木穿斗式结构，小青瓦，寺庙共分四殿。属于现今少有的保存完好的复式四合院禅宗寺庙。中山古镇还有圆通寺和清溪寺等古寺庙 10 余处。

荣昌路孔古镇万灵寺，始建于明代，清乾隆四十六年（1781 年）维修。全寺坐南朝北，四合院布局，初期规模 700 多平方米。正殿为木结构，抬梁式穿斗，重檐歇山式屋顶。檐下拖斗拱六朵，八架椽屋前后乳状塔式四柱。"文革"期间，正殿、前殿、右厢房、庙前石牌坊均被拆除，只有左厢房被保存下来。

涞滩古镇二佛寺，据载晚唐时期这里就有了规模宏大的鹫峰禅寺，因其大殿所凿释迦牟尼造像当时号称"蜀中第二大佛"，故名二佛寺。二佛寺的上殿位于鹫峰山顶，占地面积 5 181 平方米，分三个殿层。中轴线上依次为山门、玉皇殿、大雄宝殿和观音殿。左右分设社仓、禅房等建筑，呈四合院布局，大雄宝殿殿堂正中原有三尊高 5 米的主佛，两侧十八罗汉神态各异。大雄宝殿内四根石柱高约 13 米，由整条巨石制成，挺拔壮观，山门牌坊的石刻浮雕，玲珑精美，是难得的历史文化精品。二佛寺下殿濒临渠江，位于鹫峰山崖，依山摩崖石刻群雕是涞滩古镇人文景观的集中表现，具有深刻的二佛禅宗文化的艺术内涵，集中反映了唐宋时期古代劳动人民的文化艺术结晶。寺内石刻的16罗汉是18罗汉至500罗汉塑像演变的始祖，摩崖造像冠绝巴渝。禅宗六祖造像在全国石刻中是唯一的一组全家合影塑像；三尊怄佛别开生面，故事离奇；善财童子和飞天龙女雕工细腻，装饰华美。著名学者丁明夷先生，喻其为一颗埋在地下的明珠；美国艺术史家何恩之博士，称其为石刻艺术的宝库。敦煌研究院院长，著名石刻专家段文杰先生题词“涞滩摩崖造像，宋代石刻艺术的精华”“涞滩罗汉造像，石刻艺术的瑰宝”。

合川钓鱼城护国寺，早在唐代，合州石头和尚就初创寺庙护国寺。宋代就有文人墨客留题石刻不胜计数，元朝大德二年(1298年)毁于兵火。明朝弘治七年(1494年)重建，清朝道光十三年(1833年)，该寺住持智慧和尚又进行培修。大门上一幅石刻对联：城号钓鱼，三江送水开巴堑；寺名护国，孤嶂飞云控蜀江。护国寺，已经改建为钓鱼城博物馆。该馆以钓鱼城36年抗战史为主线，以图文并茂的形式，从“历史风云、独钓中原、鏖战鱼城、上帝折鞭、忠义千秋以及宋代兵器、宋代居民生活场景和名人字画”等八个方面进行了展示，并有以油画为背景的战争沙盘、12位宋蒙攻守双方的历史人物雕塑及汪德臣喊降中雷石、蒙哥中炮的战争场景。

石窟有合川钓鱼城的千佛石窟，还有悬空卧佛，该佛雕刻于晚唐时期的悬空卧佛，就一尊悬空的崖壁凿成，雕刻精美，造型大气。卧佛身长11米，肩宽2.2米，着双领下垂袈裟，凭虚而卧，端庄慈祥，情态自然，“一卧千古”。虽然没有世界闻名的大足石刻的卧佛之宏大，但其悬空雕刻成像亦堪称全国一绝。

摩崖石刻与庙宇建筑合而为一的寺庙建筑有石蟆古镇的佛慧寺，寺内现存摩崖石刻60余尊，碑文6幅。该寺属宝塔式摩崖建筑。

除上述之外还有塘河古镇的白云寺、天台寺，石蟆古镇的登云寺，龙兴古镇龙兴寺。龙兴寺原为禹王宫，供奉的是大禹金身，不知什么时候，已经改奉佛教。丰盛古镇在历史上有香火非常旺的紫云寺、铁瓦寺、云香寺、法祖寺、官房寺、兴福寺等。古镇中的佛寺遗址也非常多，如白沙古镇唐代大圣寺遗址，在《蜀中广记》《太平广记》等卷中考证在唐代时期白沙就因大圣寺而声名远播。还有走马古镇慈云寺遗址，现遗址是重庆地区目前发现的保存最好的寺院遗址，总面积约 30 000 平方米，曾经是西南地区第一大寺院，僧侣数万。考古人员发掘勘察，认定慈云寺墓群至少有 29 层，由两处墓地构成，深藏于遗址两侧的山林中，为宋代至清代慈云寺主持、长老及僧人墓地，有崖墓、石室墓和石围土壕墓 3 种形制，分布面积约 6 600 平方米。

二、道教建筑

（一）道教的起源

道教是中国本土宗教，以“道”为最高信仰，是一个崇拜诸多神明的多神教的原生的宗教形式，主要宗旨是追求长生不死、得道成仙、济世救人。道教在中国古代鬼神崇拜观念上，以黄老思想为理论根据，承袭战国以来的神仙方术衍化形成。东汉末年出现大量道教组织，著名的有太平道、五斗米道。益州（今四川）的天师道天师张道陵奉老子为太上老君正式创立教团组织，至南北朝时道教宗教形式逐渐完善。道教为多神崇拜，尊奉的神仙是将道教对“道”之信仰人格化的体现。道教在古中国传统文化中占有重要地位，唐代尊封老子为大道元阙圣祖太上玄元皇帝。

道教以“道”为最高信仰，认为“道”是化生万物的本原。在中华传统文化中，道教、儒学和佛教三者都属于占中国主导地位的宗教理论学说。

现在学术界所说的道教，是指在中国古代宗教信仰的基础上，承袭了方仙道、黄老道和民间天神信仰等大部分宗教观念和修持方法，逐步形成的以“道”作为最高信仰，奉太上老君为教主，并以老子的《道德经》等为主要经典，追求修炼成为神仙的一种中国宗教。

(二)道教建筑演变及发展

道教建筑是用以祀神、修道、传教以及举行斋醮等祝祷祈禳仪式的建筑物。汉称“治”，至晋称“治”“庐”或“靖”(又作“静”)，南朝时称馆，北朝时称观(个别称寺)，唐始不复称馆，皆以观名之。唐宋以后规模较大者称宫或观，部分主祀民俗神之建筑称庙。

演变：道教初创时，山居修道者多栖深山茅舍或洞穴，建筑简陋。《广弘明集》卷十二唐释明概《决对傅奕废佛法僧事并表》谓：“张陵谋汉之晨，方兴观舍……杀牛祭祀二十四所，置以土坛，戴以草屋，称二十四治。治馆之兴，始乎此也。”

道教建筑常由神殿、膳堂、宿舍、园林四部分组成，其总体布局基本上采取中国传统之院落式，即以木构架为主要结构，以“间”为单位构成单座建筑，再以单座建筑组成庭院，进而以庭院为单元组成各种形式建筑群。

神殿是宗教活动的主要场所，常处于建筑群中轴线上，为整个建筑群之主体。重庆地区因地形、地势等原因不遵照这种形制，建筑实例很多，包括宝轮寺、罗汉寺等。大型宫观大多为一串纵向布置，随地平面逐渐升高之院落，殿堂内设置神灵塑像或画像。膳堂建筑物包括客堂、斋堂、厨房及附属仓房，一般布置于建筑群主要轴线侧面。宿舍为道士、信徒及游人住宿用房，其布置较为灵活，常于建筑群之僻静处单独设院。有的还利用建筑群附近名胜古迹和奇异地形地物(如山泉溪流、巨石怪洞、悬岩古树等)，建置楼、阁、台、榭、亭、坊等，形成建筑群内以自然景观为主之园林。在道教建筑中四者分区明确、配置适宜、联系方便，给人以庄严肃穆，清新舒适之感。此外，它还将壁画、雕塑、书画、联额、题词、诗文、碑刻、园林等多种艺术形式与建筑物综合统一，因地制宜，巧作安排，具有较高的文化水准和多彩的艺术形象，从而也增强了艺术感染力。巴渝建置于名山风景区之道教建筑，结合奇峰异壑、甘泉秀水以及参天古树等自然景观，灵活布局，运用各种独特建筑形制及作法，建造出许多超逸高雅、玄妙神奇之建筑群。

道教建筑之总体布局、体量、装饰以及用色等，均体现了其承袭自中国古代阴阳五行说的建筑思想。此说谓天地万物皆由木、火、土、金、水五元素构成，万物分配五行，五者循环相生。其中季节、方位、色彩的配置与道教建筑关系尤密。

道教建筑之藻饰，鲜明地反映了道教追求吉祥如意、长生久视、羽化登仙等思想。如描绘日、月、星、云、山、水、岩石等，寓意光明普照，坚固永生，山海年长；描绘扇、鱼、水仙、蝙蝠、鹿等乃分别为善、裕、仙、福、禄之表征；而莺、松柏、灵芝、龟、鹤、竹、狮、麒麟、龙、凤等又分别象征友情、长生、不老、君子、辟邪、祥瑞等。有时以福、禄、寿、喜、吉、天、丰、乐等字化作种种式样，在器具或建筑物上与其他花纹伴用，作为装饰。将寿写成百种不同之字形，名为“百寿图”，福字则巧妙变幻，用于各种窗棂，以表吉祥如意，福寿康宁，乐天超凡，长生不老。此外，“八仙庆寿”“八仙过海”等神话故事亦常为道教建筑的装饰题材。

道教建筑的文化内涵主要表现在四个方面：首先，与神仙信仰密切相关，最突出的是以其所信奉的神仙的神位来确定宫观殿宇的规格、大小和装饰；其次，与传统哲学观念密切相关，主要表现在布局、体量、结构等方面，与传统的阴阳五行和八卦及天人感应等哲学观念紧密联系；再次，与其宗教教义密切相关，道教建筑布局，可以聚四方之气，迎四方之神，也有利于区分长幼尊卑；最后，与民俗密切相关，观内建有客堂、食堂、茶社、住宿部、歌舞楼、亭子、小卖部等，以供人们社交、游览、食宿、娱乐、休闲、交流、交易。不少宫观还开展“花会”“庙会”，形成民间节庆习俗。

道教建筑具有丰富的艺术内容，他们将绘画、雕塑、诗文、书法、篆刻、联额、题词、碑刻、园林等诸多艺术形式融为一体。除宫观建筑外，还仿效佛教开凿石窟和摩崖造像，以具体生动的形象，表现长生不老、羽化登仙的理想和对吉祥如意、福寿和睦的追求。道教建筑文化是我国民族文化的十分重要的组成部分，它的艺术魅力和价值是永存的。

（三）重庆古镇中道教及建筑

道教发源于四川，重庆古镇中道教场所非常之多，据统计道教教场有 30 个左右，现将代表道观列举如下。

宁厂古镇北后山龙君庙，始建于汉代，历经维修，今建筑为清代穿斗结构建筑，主要建筑因 1958 年“大炼钢铁”被毁坏，目前建筑基址和东厢房尚存。宁厂盐泉在龙君庙内，有一洞嵌于其上，洞口有一石龙，清泉从龙嘴喷出，这便是白鹿盐泉，龙池、龙头及分卤眼板是北宋淳化二年（991 年）由大宁监雷悦创建。

东溪古镇有牛王庙、帝母庙、王爷庙，其中王爷庙保存最好。牛王庙建于乾隆二年（1738 年），位于东溪鸡市坡，属砖木结构，口字形，占地 100 多平方米，建筑面积 75 平方米，庙内供奉玉皇大帝、观音菩萨、牛王神像等。1953 年庙内设施被毁，1956 年全部拆除，修建为东溪粮站联工宿舍楼。帝母庙建于清雍正元年（1723 年），占地 800 多平方米，位于下场汽车站东溪镇林业站处，系砖木结构，主要供奉观音和王母娘娘等。据考，帝母庙实为尼姑庙，香火鼎盛时期，尼姑多达 20 多人，外观保存完好。

东溪古镇王爷庙位于綦江区东溪镇太平桥左侧，始建于清乾隆六年（1741 年），乾隆年间和咸丰三年（1853 年）维修。王爷庙坐南朝北，是一个完整的砖木结构四合院建筑，占地 640 平方米，建筑面积 360 平方米。中轴线上，从前到后依次是山门、戏楼、庙坝、正殿，两侧是厢房，山门板壁上有彩绘门神，左尉迟恭、右秦叔宝。正殿面阔五间19.4米，进深四间11米，通高7米，素面台基高2.3米，单檐悬山屋顶，抬梁式梁架（五架梁）柱径45厘米，八角抱鼓式柱础，普通踏道十三级，驼峰高耸，屋脊塑有宝瓶、厢房斜撑雕花。戏楼为抬梁式梁架，柱径42厘米，戏楼台口板及挂落，均有戏剧故事雕刻，面江而立，是不多见的清代中期建筑。

安居古镇有城隍庙、下紫云宫、元天宫、东岳庙。城隍庙，始建于明成化十七年（1481年），万历四十七年（1619年）知县唐运生重修，明末被焚，清乾隆十年（1745年）僧一川募众重修，道光六年（1826年）巡检沈安庆补修，改观音殿为寝宫。城隍庙依山而建为"三合头"构造，中间合檐，两边飞角精雕细镂，十分精美。

安居古镇的下紫云宫，始建于明、清代补修，建筑面积401平方米，坐南朝北，木结构歇山顶，抬梁式梁架，面阔6间，垂带式踏道54级，高6米，宫门雄踞，飞檐翘脊，青瓦白墙，古朴凝重，气势恢宏。

磁器口古镇有宝善宫、文昌宫。宝善宫是磁器口九宫十八庙的著名道观，是善男信女祈福求愿之地。在民国期间改为嘉陵小学，丁肇中先生曾就读于此。现该院改建为陶瓷馆，系统展示陶瓷与磁器口文化发展的历史轮廓。磁器口文昌宫是九宫十八庙的圣地，有这样一个说法：磁器口香火最旺的寺庙是宝轮寺，最热闹的道观就是文昌宫。

塘河古镇有王爷庙、清源宫。建造于明代的王爷庙，正殿和戏楼均为飞檐画壁，戏楼台额上的篆楷文字更显当年卓越风姿。清源宫建于清光绪十三年，占地1 130平方米，至今只保留了宫墙旧迹。正殿供有川主神像。外墙体是用刻有"王爷庙"浮雕字的火砖做成。正殿和正殿对面的戏台均为琉璃瓦所盖，建筑有木、石圆柱镶嵌着的彩饰浮雕。

偏岩古镇有禹王庙、武庙。禹王庙，始建于道光十二年（1832

年），为纪念大禹入川活水所建，雕像、建筑于解放初期被毁，2003年由民间组织募资重建。武庙，乾隆初年建成，曾塑关公、周仓、杨戬神位，左有“钟鼓楼”，右有“正官厅”，雕像、建筑在“文化大革命”期间被毁。

丰盛古镇有万天宫。万天宫宫内供有木塑的瘟、火二神，高丈余。每到九月半，街人抬轿游行，以此消避瘟疫和火灾，祈祷长久安宁，因此取名为长宁街。

西坨古镇有紫云宫。紫云宫俗称“桂花园”，系清代古建筑，属县级文物保护单位，曾有秦良玉旧楼在此。

白沙古镇有清源宫。清源宫始建于1510年，续建于1813年，培修于1821年。清源宫坐北向南，是为纪念李冰父子治水而建。占地8 000多平方米，四周有10米高的风火墙相隔。抬梁式砖木石结构。呈复合院布局，是目前我国西南保存最完整、最具明清建筑特色的古道观之一，也是巴蜀大地上规模最大的川主庙。

双江古镇有惠民宫、关帝庙。惠民宫，北宋宣和五年，宋徽宗赵佶曾封古颛臾王为英烈昭济惠民王，故古蒙祠曾改名英烈昭济惠民王庙。

涞滩古镇有文昌宫、回龙庙、张爷庙等遗址，涞滩古镇的清代建筑文昌宫保存较好，其主体建筑尚存，其中保存有古戏楼，戏楼平台外栏木刻浮雕，艺术价值极高。

除此之外，还有路孔古镇的三圣宫；龙潭古镇的文昌宫、天后宫、轩辕宫、龙王庙、火神庙；白沙古镇的张爷庙；中山古镇的玉皇观、黑神庙；石蟆古镇的清源宫；龙兴古镇的龙藏宫。

三、会馆、宗祠

(一)会馆、宗祠起源及代表建筑

会馆在明清时期大量出现,这与元末明初、明末清初的两次“湖广填四川”的移民运动息息相关,此时大量外省移民进入后,“由于语言、习俗等差异,刚到一个陌生之地的移民群体与土著及其他移民间存在较大的隔阂,缺乏共同的信任感,使得各省和各地区间的移民内部需要有一种内聚的集体组织,互相帮助,共同抵御外来势力。面对乡土的眷念和共同本土信仰的因素,使这种组织以会馆及相应的庙会形式出现。”[3]这就是巴蜀地区会馆数量众多的主要原因,此后会馆建筑逐渐成为巴蜀地区明清时期的一种重要的公共性建筑。

会馆建筑大致可以分为“同乡会馆”和“行业会馆”这两类,这种分类不是绝对的,有时两者互相结合,既是行业会馆又是同乡会馆。同乡会馆的主要职能是维护同乡利益,调解同乡经济和家庭纠纷,参与各种社会事务,共同的习俗和信仰是维系乡土感情的重要因素。由于各地移民的信仰不同、移民来源地各异,使得清代巴蜀地区同乡会馆的名称繁多[3]。重庆地区同乡会馆中禹王宫数量最多,如龙兴镇禹王宫、双江镇禹王宫、路孔镇禹王宫;还有江西籍的万寿宫如中山古镇万寿宫、后溪古镇万寿宫、龙潭万寿宫等;陕西籍的武圣宫和西秦会馆如走马镇关武庙、龚滩古镇西秦会馆、路孔古镇三圣宫等;广东籍的南华宫如东溪古镇南华宫、走马古镇南华宫等;福建籍的天后宫和妈祖庙如安居古镇妈祖庙;云南籍的滇南会馆和云南会馆。

按行业会馆的类型分类可以分为:船帮的王爷庙、裁缝的轩辕宫、屠户的张飞庙、盐帮的盐神庙、药商的药王庙。

王笛在《跨出封闭的世界:长江上游区域社会研究(1644—

1911)》一书中提出会馆有以下三项特征:“一是由流寓在外的客籍居民创办的;二是有严格的地域界分,即成员都来自本乡本镇本省域的人士,对外籍具有排斥性;三是其内部供奉有本籍尊崇的神祇或先圣。”

宗祠,即祠堂、宗庙、祖庙、祖祠,是供奉祖先和祭祀的场所,是我国儒家传统文化的象征。宗祠制度产生于周代,上古时代宗庙为天子专有。宋代朱熹提倡家族祠堂:每个家族建立一个奉祀高、曾、祖、祢四世神主的祠堂四龛,祠堂是族权与神权交织的中心。宗祠中有宗子、宗长、宗正、宗直等职务。宗祠体现宗法制家国一体的特征,是凝聚民族团结的场所,著录着家族的辉煌与传统,是家族的圣殿。宗祠与古塔、古桥、古庙宇相映,成为各地的独特人文景观,是地方经济发展水平和中华儒教文化的代表。宗祠象征着中华民族悠久历史和儒教文化,具有无与伦比的影响力和历史价值。

(二)重庆古镇中会馆、宗祠建筑及分布

重庆地区古镇中据统计大约有会馆、宗祠 30 多个左右。会馆保存较好的有东溪古镇的万天宫、广东会馆南华宫,龙潭古镇禹王宫、万寿宫,龚滩古镇西秦会馆、川主庙,安居古镇有湖广会馆、福建会馆,西坨古镇的禹王宫,丰盛古镇禹王宫,双江古镇的禹王宫,路孔古镇的湖广会馆,走马古镇的禹王庙、后溪古镇万寿宫等。

东溪古镇的现保存较好的有万天宫和南华宫。万天宫(位于綦江区东溪镇朝阳街 28 号)原为集川主庙与四川土著人会馆于一体的综合性功能建筑,其规模比一般川主庙大。始建于清康熙二年(1663 年),乾隆二十六年(1736 年)翻修,建筑面积 1 000 多平方米,系砖木结构,庙内供奉渝祖神像等,宫门前和正殿前房顶均塑有重达数吨的龙凤,有达 60 多平方米的古戏台,两侧有观戏楼,有技艺精妙的雕梁画栋和木刻浮雕及天花藻井等,有菩萨 40 多尊。前殿面阔三间 20 米,进深三间 9 米,通高 8 米,单檐硬山式屋

顶，空斗式梁架，五柱用五穿，天花上有雕刻精美的大型木质八角形藻井。正殿面阔五间 20 米，进深四间 15 米，通高 10 米，单檐硬山式屋顶，穿斗式梁架，五柱用两穿抱柱式柱础，素面台基 0.5 米，普通踏道两级。

广东会馆南华宫（位于朝阳街）始建于清乾隆元年（1736 年），道光十五年（1835 年）翻修，坐东朝西，四合院木结构，占地 800 平方米，建筑面积 440 平方米。现存前殿、正殿、厢房。前殿为单檐硬山式屋顶，穿斗式梁架。正殿为单檐硬山式屋顶，穿斗、抬梁式混合梁架。

东溪会馆拆掉的还有万寿宫和禹王宫。东溪万寿宫建于清乾隆五十一年（1787 年），江西籍会馆，属砖木结构，口字形，建筑面积 400 多平方米。宫内供奉观音菩萨、关公等。1953 年，宫内附属设施均遭损坏，只保留了宫的外形结构，作为东溪供销社仓库。1999 年 4 月，由东溪供销社拆除，重新建为街房经商。2006 年，为配合东溪古镇保护与开发，又将街房全部拆除，建为万寿广场。东溪禹王庙，即禹王宫，建于清乾隆四十八年（1784 年），属湖广会馆，属砖木结构，口字形，建筑面积 1 300 多平方米。庙内供奉大禹神像，观音菩萨。1951 年，庙内附属设施被毁，改作东溪人民广场。1979 年此庙全部拆除，重新修建为东溪邮电所，现在墙上只留下“禹王宫”字样的青砖。

龙潭古镇万寿宫，该宫（位于重庆市酉阳土家族苗族自治县龙潭古镇）始建于 17 世纪初，迁建于乾隆三年（1738 年），重建于道光六年（1826 年），历经 400 多载风雨沧桑仍然气势恢宏、雄伟壮丽、风采依旧。龙潭古镇万寿宫建筑面积 2 400 平方米，宫内六井三院，分上清殿、御清殿、太清殿，总体布局寓意一个“王”字，配合龙角、龙眼、龙鼻，显龙入深潭之象，呈龙归大海之势。作为乾隆行宫和江西人会馆的酉阳万寿宫，历史上曾引无数军政要员、文人墨客、商贾阔佬在此驻足，贺龙元帅曾在此领兵驻防一年，大作家沈从文随贺龙入宫留守半年并写下《一个大王》的故事，刘邓大军曾在万寿宫召开过军事会议。龙潭古镇还有禹王宫（位于重庆市酉阳土家族苗族自治县龙潭古镇），是湖南商人会馆，内部采用三进四合庭院结构。

龚滩古镇西秦会馆，是光绪年间，陕西商人张朋久建立，它是龚滩向近代商品经济迈进的一个标志。西秦会馆是古镇规模最大的建筑，具有浓郁的西秦风格，它四周围以烽火墙，外壁朱红粉饰，馆内地面都以石板铺就，大门临街西开，内设正殿、偏殿、耳房、戏楼，雕梁画栋，筒瓦覆顶。因会馆的建筑风格和一般寺观庙宇大致相同，红粉涂墙，所以当地人称之为“红庙子”。

龚滩川主庙供奉的是李冰，李冰修建都江堰，使川西平原富庶起来，被封为川主。据传当时都江堰中有孽龙，孽龙兴风作浪，祸害人民，被他降伏后方保得四方安宁，因此四川境内各水域均设庙塑像，祭祀供奉。龚滩川主庙毁于“文革”期间，后在重建中得到恢复。

安居古镇有湖广会馆，始建于明朝中叶，明末毁于战乱。清乾隆年间重建，咸丰年间又毁于火灾，光绪年间由湖广士绅捐资重修。会馆坐落在安居古城南边，左与妈祖庙（天后宫、福建会馆）共壁，右与齐安公所（帝主宫）接壤。会馆占地面积 2 200 平方米，现存建筑面积 1 387 平方米。会馆依山而建，由低到高多重进深，宫门上方书“万世永赖”，背墙有草龙，古戏台前柱上斜撑雕刻精美，神仙人物栩栩如生。天井、院落造型独特，房间布局错落有致，石栏杆雕有狮子、麒麟、盘龙等多种瑞兽和吉祥图案，前后天井栏杆雕有二十四孝等人物图案。整座宫院可容上千士民在此聚会。

安居古镇妈祖庙，原系福建会馆，抬梁式结构和穿斗结构相结合，构造独特。尤其是建筑风格为巴渝罕见，具有极其珍贵的文化艺术价值。庙内平面组织精妙，庭院楼台布局严谨，徽式建筑特色的马头山墙，造型高低错落，富于变化，青瓦白墙，雕刻装饰题材丰富。

西坨古镇的禹王宫，始建于明末，清光绪二十六年（1900 年）重修，属县级文物保护单位。现存禹王宫建筑坐西面东，台院式。建筑布局为渝东地区祠庙建筑的典型形式。其建筑群为四合院，前部原戏台，左侧正殿，其余两侧均为土家吊脚楼民房。现正殿保存完好，两侧厢楼、前部戏台均改建为灰砖楼。建筑群现占地面积 570 平方米，正殿建筑面积 164 平方米。正殿单檐硬山顶，面阔五间，通间阔 19.24 米；进深三间，通进深 8.35 米，其中廊深 1.93 米，台明高 1.75 米，殿前仅左侧次间有踏跺十级，建筑通高 6.65 米。明间、次间共四品屋架，为穿斗与抬梁结合的形式，11 步架 12 檩，正脊上记载了重修年代。两山采用硬山搁檩的做法，明间廊柱下半部为石制，石柱基础还在，各部分装饰均毁，改建宿舍时加建多处隔墙。禹王宫最大的特色在其文字砖墙，墙砖为特别烧制，每块上均有“禹王宫”三字。

丰盛古镇禹王宫，其正殿保存完好，东侧的高墙是防火的风火墙，专家据建筑风格和墙砖考证，此宫建于明朝，殿的脊梁上，明显书有在清咸丰年秋月补修，足见建宫时早于清代，宫内原供有如来、玉帝、观音、送子娘娘等菩萨神像。

双江古镇的禹王宫，坐落在双江北街，坐西面东，为清初砖木结构古建筑。占地 12 216 平方米，建筑面积 2 556 平方米，至今保存完好，是重庆市规模最大保存最完好的古戏楼之一。正门是由四块峡石作枋，门楣以上全是刻镂有 20 多台戏目的青砖砌成，玲珑剔透，堪称佳作。上有竖书的“禹庙”两个楷书大字，中有横书正楷“明德远矣”四个遒劲庄重的大字。禹王宫的戏台建造十分考究，飞檐翘角，琉璃筒瓦，气派华丽，戏台两厢“耳楼”的雕花栏杆视线开阔，凭栏而坐观赏戏曲。戏台及两厢戏楼，雕梁画栋，工艺精细，戏台为筒瓦琉璃悬山式建筑。原戏台台口吊沿上镂刻有戏曲曲目 24 组，近 100 个戏曲人物塑像，个个栩栩如生，呼之欲出。两道半圆形“马门”上,“出将”“入相”二匾彩绘金字,熠熠生辉。堂口两旁各有圆柱一根,柱上刻有行书楹联“优孟衣冠真是假,梨园子弟旧翻新”。戏台正中上方悬挂有一块黑漆鎏金的匾额,横写“响遏行云”四个草书大字,超逸奔放,姿态横生,匾对均系三台县举人书法家左攀龙所书,与对联相映成趣,为戏台增色不少。

路孔古镇的湖广会馆,始建于康熙四十八年,占地 1 500 余平方米,在“文化大革命”期间部分损坏。2010 年,荣昌县按照“修旧如旧”的原则对路孔湖广会馆进行了全面修复。除此之外还有走马古镇的禹王庙、后溪古镇万寿宫等。

宗祠有龚滩董家祠堂,松溉古镇的罗家祠堂,塘河古镇孙家祠堂,路孔古镇赵氏宗祠,龙兴古镇的华夏宗祠、明氏宗祠、包氏宗祠和刘家宗祠,后溪古镇的白家祠堂、新寨白家祠堂和彭家祠堂等。

龚滩董家祠堂是董氏宗族合资修建的一所祠堂,里面为四合天井(结构),正对面为正殿,均为古老木质框架。董家祠堂是董氏宗族行使宗族权力、召开宗族会议的地方。龚滩还有三抚庙,此三抚庙供财神爷以及土家族最早封任巡抚的冉、杨、田三位土司。三土司在任期间均有德于民,后人为三人立合祠,故称三抚庙。

松溉古镇的罗家祠堂,位于松子山街边,始建于明朝洪武年间。清乾隆年间,时任黔南太守、贵西巡道的罗文思倡议扩建祠堂,乾隆四十年开始在松溉松子山扩建祠堂,于乾隆四十三年扩建完成,取名“世德堂”。祠堂部分根据原貌进行修缮,外面的戏台和观众席是现代重新修造。祠堂现由罗家的宗孙进行看护,每年清明节罗氏家族都在这里举办罗氏宗亲会,以祭奠祖先。祠堂内摆放着从罗氏始祖到十六世的先人的灵位。

塘河古镇孙家祠堂,始建于清光绪十八年(1892 年),占地 0.3 公顷,建筑面积 2 000 多平方米,整个建筑坐北朝南,是砖木石混合结构,屋脊全是镂空黄绿琉璃砖砌成,两边有高耸的圆弯式和重檐式风火墙,为宫殿式建筑。全祠主要由正殿、中殿、戏楼、厢房四大部分组成，是江津乃至重庆都相当少见的保存完好的宗祠建筑的典型代表。

路孔古镇赵氏宗祠，路孔赵氏赵万胜于乾隆九年（1744 年），遵旨“湖广填川”，率七子一媳自昭陵入蜀，“插占”于斯。赵氏宗祠建于嘉庆初年，为三进四重堂之建筑，房屋建筑为木质川架穿斗、雕龙画栋。一重供族人聚会；二、三重供家族议事，严肃家规；四重供奉祖宗。祠堂建筑，串架穿斗，雕梁画栋，刻石描金；硬山屋顶，烽火墙兜，重檐翘角。古朴典雅，气象恢宏，是为清代文化之典范。

龙兴古镇现存部分古祠堂的华夏宗祠（原“贺氏宗祠”）、明氏宗祠、包氏宗祠和刘家宗祠，这些宗祠结构大同小异，都有精美的木雕、石雕、彩绘工艺，堂内记载了自家的家规、族谱和源流。华夏宗祠建于清道光年间，建筑面积达 1 500 平方米，具有典型的三厅两堂式结构，是我国西南地区唯一一个以姓氏文化为主题的寻根问祖大祠堂，2003 年由原“贺氏宗祠”改建。内部供奉有 172 个姓氏的渊源石碑。刘家祠堂，于清咸丰四年（1855 年）在龙兴场口石坝外两百余丈处建成，建筑风格充分体现了巴渝民居的民俗。

后溪的大姓人家都建有祠堂，作为宗族议事、聚会的场所。具有代表性的有水巷子白家祠堂、新寨白家祠堂和彭家祠堂，建造年代在咸丰至光绪年间。新寨白家祠堂的大门左侧，还保存有于光绪二十五年刻立的石碑，上面刻有严格的宗族家规和道德标准，是研究宗族祠堂文化的宝贵资料。

除此之外还有石蟆古镇的千丘祠。据调查统计发现，在古镇中文庙建筑较少，现存的有丰盛古镇明末清初时建的文庙（60 年代拆），内供有孔子塑像。

四、其他宗教建筑

除佛、道、宗祠、会馆外，重庆古镇中其他宗教建筑非常少。这个可能受传播及人民接受程度的影响。如重庆地区的伊斯兰教建筑本身就少，在重庆古镇中就更加稀少，目前笔者没有找到古镇中的伊斯兰教建筑的范例。重庆地区的基督教（基督教是对信奉耶稣基督为救世主的各教派统称）教堂本身也比较少，据调查统计，重庆古镇中的基督教堂主要有铜罐驿古镇有天主教堂 1 个，荣昌河包镇有天主教堂 1 个，荣昌双江镇有天主教堂 1 个，龙兴古镇有基督教教堂 1 个，龙潭古镇有天主教堂 1 个。下面是这些教堂的具体介绍：

铜罐驿古镇镇内有一座修建于 1898 年的神学院，1924 年，建造了天主教堂，是重庆市第二大教堂。距今已有 110 多年，分为经堂、修道院、若瑟小修院三个部分，整个教堂房屋占地面积 3 647 平方米，建筑面积 2 516 平方米，其中教堂面积 470 平方米，教堂和钟楼系砖木结构，其余房屋均属砖柱土墙。教堂空高 7 米，哥特式建筑风格，挺拔高耸。

荣昌河包镇始建于唐时期，境内存有众多的文物遗迹，中西文化集汇，具有独特、深厚的历史文化底蕴。真原堂始建于 1905 年，以奉献圣母圣心为本堂，而命名为真原堂。1930 年加建哥特式建筑，是光绪三十一年（1905 年）法国人修建的一座 25 米高的砖木结构双钟楼的教堂，是重庆市唯一的双钟楼教堂，占地 2 300 平方米，是大足区、荣昌区天主教又一活动场所。它主要由经堂、钟楼、神职人员住所等三部分组成，三面围合，砖木结构，双钟楼布局，正立面为典型哥特式风格，钟楼屋顶为木构攒尖顶。

荣昌的双江镇也有一个天主教堂，是潼南的天主教活动中心。教堂建于 1908 年，总面积 2 300 平方米，建筑面积近 1 000 平方米。为穿斗式结构，雕刻精致、工艺精美。右侧为圣堂，是整个建筑中心，中间是客厅、客房，左侧四间是厨房，左侧后院有水井，院坝里是花园，院四周有围墙，是一座幽静的乡村教堂。

荣昌河包镇天主教堂鸟瞰图

荣昌河包镇天主教堂大厅

第二节 按建筑风格分类

一、中式传统建筑风格

中国古建筑种类繁多，主要有宫殿、坛庙、寺观、佛塔、民居和园林建筑等。建筑风格不仅受到自然环境、战乱的影响，还受到宗教思想的影响，如道家主张道法自然、天人合一，便形成了以人为本并且符合环境科学的风水说。

中国建筑空间布局以轴线对称见长，强调轴线空间布局的实例有很多，“以若干建筑围绕而成庭院是中国建筑的特征，即中国建筑平面配置的特征，这种庭院大多有一道中轴线（大多南北向），主要建筑安置在此线上，左右以次要建筑物对称均齐的配置”。[2]

佛教建筑空间布局一般均将主殿大雄宝殿放在轴线的重要位置上，在中央主建筑物的两旁一般都建有经幢和塔。“在各种变相图中，中央部分所画的建筑背景也是正殿居中，其后多有后殿，两侧有廊，廊又折而向前，左右有重层的楼阁”。[2]配殿居前后左右，具有“左阁右藏”“左钟右鼓”的特点。

整个建筑群体高低错落，主次分明，宏伟壮观，重要的建筑一般都是3～7开间的建筑空间，屋顶基本为歇山式，少数用庑殿顶。主体建筑用圜桥联系左右殿堂，使整个建筑群层层递进，庭院深深。

梁架基本采用抬梁式和穿斗式结构。抬梁式结构室内少柱或无柱，空间较大，在我国应用很广，北方用得更多。穿斗式结构由落地柱与短柱直接承檩，柱间用穿枋联系，并以挑枋承托出檐。这种结构用料小，但室内空间不开阔，南方使用较为普遍。

穿斗式建筑以木构架为主，柱承重，墙不承重，所以门窗可自由布置，体现了形式与结构的统一。在皇家建筑和重要的坛、庙建筑中，还以斗拱支撑在柱头、屋檐间，使得建筑出檐深远，保护木结构的屋身。结构上的基、柱、梁、檩、椽、斜撑等部分大都外露，形状上也加工成装饰构件，结构、构件间用榫卯结合，不施钉子。

中国传统建筑的屋顶坡度较大，屋顶分为多种形式：硬山、悬山、庑殿、歇山、单坡、平顶、卷棚、攒尖、重檐、盝顶等多种制式，又以重檐庑殿为最高等级，使建筑物的体形和轮廓线变得愈加丰富。

二、重庆地区建筑风格

重庆地区的建筑风格是由重庆特殊的地理、地貌决定的，劳动人民根据本地区的自然条件，结合中国传统建筑特点，在空间布局、整体规模、建筑大小等方面与环境相融合。

在新石器时代晚期，长江中下游地区的大溪文化遗存中，房屋建筑遗迹已经比较普遍，并存在多种住居和房屋形式。到大溪文化晚期，开始出现干栏式建筑。汉代中后期，重庆地区建筑类型十分丰富，出现了“官署、民居、庄园、高台楼阁、阙、祠堂、戏楼、说书场、牢房”等，相对完整的中原合院建筑形态出现在重庆地区。唐代中后期，合院型民居已经成为重庆地区城镇居住建筑最主要的形式之一。干栏式建筑分布虽然很广，却被看作重庆周边边远山区蛮族及僚人的主要居住习俗，而逐渐被边缘化。宋代经济贸易的发展使重庆民居形式更加丰富，商贸活动的昌盛促使城镇沿街联排出现“上宅下店”“前店后宅”的“店宅式”居住建筑形式。明清时期是巴渝建筑风格形成的重要阶段，以大挑梁、木构架、夹皮白粉墙及小青瓦为基本特征。明代以后，由于制砖业发展，更多城镇采用砖建城墙及房屋。陈蔚、胡斌在《重庆古建筑》一书中说到清代以后，移民带来的不同建筑文化也为本地建筑技术注入新鲜血液，封火山墙在城镇建筑中得到普遍应用，“嵌瓷”等南方技艺被引入，“抱厅”的做法与本地合院建筑形态相结合。

明清时期的移民运动带来了地域不同的建筑风格，重庆建筑在这种社会与文化环境的冲击下，形成了独具特色的建筑文化——以穿斗结构为主，采用半杆栏式的吊脚楼。明清时期，重庆宗教建筑得到了维修和重建，大量宗教建筑采用了多种山地建筑的营造手法，与筑台相配合，采用引步、吊脚、错层、悬挑等手法将地形高差容纳在总体布局中。这种建筑风格适应了地形，争取了空间。

具有重庆特色的宗庙建筑大多建在经济相对落后的地方，宗教类别大多以会馆和道观为主。如涞滩镇二佛寺、磁器口宝轮寺、丰盛古镇禹王宫和龚滩古镇三抚庙都代表了重庆地区古镇中的庙宇建筑样式。上述庙宇建筑的具体介绍如下：

涞滩镇有“三宫十八庙”的说法，镇中顺城街东西两侧各有一寺庙建筑组群，西面是迴龙街尽端的桓侯宫和迴龙庙上、下两殿(已毁)，东面则是二佛巷尽端的文昌宫和二佛寺上、下殿。二佛寺全寺分上下两殿：山脚处的上殿以中轴线为经，主体建筑皆在中轴线上，按禅宗“伽蓝七堂”样式布局，依次为牌楼式山门、玉皇殿、大雄宝殿和观音殿，左右两侧为配殿，分作禅房、斋堂、僧房、香积厨和职事堂等，占地面积达 5 181 余平方米。拾级而上便是建于清雍正三年(1725 年)的下殿，该殿设计颇见意匠，甚为巧妙。前檐依托于两块分离的巨石，依势形成了天然门阙，居中 22 级宽大的石级呈约 45°渐次向上，与大门相对的是块天然巨石。大殿的柱、枋、檩子则以自然山石的走势和岩体形态的布局，参差错落于跌宕起伏的山岩上，有些则干脆架搁在岩石上，可谓“因形就势”的典型。其殿为两楼一底式，使佛寺显得更趋闳阔和高矗。大殿的北、西、南三面崖壁上，雕刻着众多道像。

涞滩古镇二佛寺俯拍图

磁器口宝轮寺始建于宋代，明时进行了一次大修。寺庙建筑大都曾毁于战火，只有大雄宝殿幸存，后又进行过多次修缮和重建。宝轮寺采用全木（木榫卯）穿斗式结构和庑殿式屋顶，屋顶檐角上屋脊神兽共有一仙十兽。建筑模式采用传统的多进院落形式修建，建筑空间布局呈现中轴对称状，这是儒家礼制的体现，庙宇建筑选址是根据道家的风水学说。庙宇建筑中佛、儒、道教元素都融入其中，呈现了三教合一的趋势，如磁器口古镇的大雄宝殿正面。

丰盛古镇禹王宫经专家考证定建于明末清初，殿的脊梁上写有在清咸丰年秋月补修。寺庙坐北朝南，呈中轴对称布局，房屋为穿斗抬梁结构，屋顶为硬山式，此庙东侧有一高墙系防火的风火墙，正殿虽保存完好但内部已破烂不堪。

磁器口古镇的大雄宝殿正面

丰盛古镇禹王宫遗址侧殿

丰盛古镇禹王宫遗址正面

龚滩古镇三抚庙

龚滩古镇三抚庙中供奉财神爷以及土家族最早封任巡抚的冉、杨、田三位土司。三土司在任期间均有德于民，后人为三人立合祠，称三抚庙。小青瓦、竹筋夹板墙体现了重庆传统的地域房屋结构及建筑风格。

三、移民建筑风格

自佛教、伊斯兰教、基督教等宗教传入后，重庆地区的建筑文化有了新内容，装饰布置上也有了变化。湖广填四川之后，移民文化带来了新地域的建筑文化，这些建筑文化上的新鲜血液给重庆的民族交融注入了新的活力和特点。

重庆地区会馆的修建从明代后期开始，随着“湖广填四川”等外省移民在重庆各地扎根，使得重庆经济力量逐步增强，移民会馆也大量集中性修建起来。清代巴蜀地区会馆的总量保守估计在 5 000 所以上，居于全国前列，以重庆主城为例，著名的八省会馆便是这个时期的作品。与其他地区会馆多集中在大城市和重要的商贸口岸城镇不同，明清巴蜀地区会馆遍布境内 90％以上的城市和城镇，当时重庆下属的 1 495 个乡镇中很多都建有会馆。如江津白沙镇建有禹王宫、南华宫、天后宫等，安居古镇建有湖广会馆、天后宫等。

明末清初之前，重庆本地建筑很少使用封火山墙，直到明清大移民之后才开始广泛使用，受外来移民影响，会馆建筑在重庆地区开始大量出现，成为重庆地区一种独特的建筑形式。各地移民把本地的建筑形式带入重庆，其建筑风格及建筑技术与重庆地区建筑风格相融合，会馆建筑成为最直接的载体，出现了湖广会馆这种类型多样的封火山墙与重庆本地建筑风格共存的建筑。重庆地区的住宅受不同地区建筑的影响，形成了极具重庆特色的建筑风格与技术特征，并开始走向程式化，这种风格也是适应本土气候的结果，同时也广泛地影响到了其他公共性的建筑中。

由于地形的限制以及功能的需要，会馆出现了具有重庆特点的风格，建筑中出现了抱厅、勾连搭等处理方式，使空间层次更为丰富。另外，也出现了“水”形山墙、“金”形山墙，龙形山墙、五花山墙（马头墙）等形式丰富、变化多样的封火山墙。这些封火山墙不仅丰富了建筑造型，而且使得建筑群在形式上形成了统一的风格。

安居古镇天后宫，梁式结构和穿斗结构相结合，构造独特。尤其是徽式建筑风格为巴渝罕见，具有极其珍贵的文化艺术价值。庙内平面组织精妙，庭院楼台布局严谨，徽式建筑特色的马头山墙，造型高低错落，富于变化，青瓦白墙，雕刻装饰题材丰富。

安居古镇天后宫大门

第三节　重庆古镇庙宇建筑分布

一、重庆主城及周边区域古镇庙宇建筑分布

重庆主城及周边区域现存的古镇约有18个，大多集中在汉族聚居地区。古镇中的庙宇建筑分布概况如下：

宁厂古镇有龙君庙；龙潭古镇有禹王宫、万寿宫和天主教堂等；龚滩古镇有西秦会馆、董氏宗祠和川主庙；白沙古镇有大佛寺、唐代大圣寺遗址、明代川主庙和张爷庙；安居古镇曾有九宫十八庙之说，现今有波仑寺、湖广会馆、万寿宫、下紫云宫、元天宫、城隍庙、东岳庙、妈祖庙等八处保存较好；钓鱼城有护国寺、悬佛寺、千佛石窟、忠议祠；磁器口古镇有宝轮寺、凤凰寺、地藏寺、文昌宫、禹王宫、万寿宫，保存较好的有宝善宫、宝轮寺、文昌宫；松溉古镇有罗家祠堂；中山古镇有万寿宫、双峰寺；走马古镇有慈云寺、禹王庙、广东会馆南华宫、山西会馆万寿宫；塘河古镇有王爷庙、清源宫、孙家祠堂、白云寺、天台寺；龙兴古镇有龙藏宫、龙兴寺、华夏宗祠、包氏宗祠、明氏宗祠、江氏宗祠、刘家宗祠；偏岩古镇有禹王庙和武庙；丰盛古镇，镇内有紫云寺、铁瓦寺、云香寺、法祖寺、官房寺、兴福寺及老街区的文庙、女王庙、江西庙，现保存有禹王宫、万天宫；双江古镇有禹王宫、惠民宫、关帝庙；路孔古镇有万灵寺、湖广会馆、三圣宫、赵氏宗祠；涞滩古镇有保存较好的文昌宫和二佛寺、回龙庙、张爷庙等遗址。

二、重庆少数民族地区古镇庙宇建筑分布

(一)重庆少数民族古镇

重庆地区古镇聚集着大量土家族、苗族居民,房屋多系木结构,以瓦、杉皮或茅草等盖顶,山区多为吊脚楼。苗族的吊脚楼通常建造在斜坡上,分两层或三层,楼下堆放杂物或作牲口圈,楼上居住。吊脚楼一般以四排三间为一幢,每排木柱一般 9 根,即五柱四瓜,以竹编糊泥作墙。堂屋是迎客间,两侧各间则隔为二三小间为卧室或厨房。房间宽敞明亮,门窗左右对称。有的苗家还在侧间设有火坑,冬天烧火取暖。中堂前有大门,门是两扇,两边各有一窗。中堂的前檐下,都装有靠背栏杆,称美人靠。吊脚楼除了具有其本身的特点、形式外,还有其深刻的文化内涵,即空间宇宙观念。从某种意义上说,苗族吊脚楼在其主观上与宇宙变得接近,更为亲密,使房屋、人与宇宙浑然一体。

(二)重庆少数民族古镇宗教分布情况

重庆地区有 5 个古镇分布在少数民族地区聚居地,主要是土家族和苗族聚居地。分别是:后溪古镇,土家族聚居地;石堤古镇,土家族、苗族聚居地;西坨古镇,土家族聚居地;清泉古镇,土家族、苗族聚居地;洪安古镇,土家族、苗族聚居地。以上古镇是少数民族居民聚居地区,宗教昌盛,佛寺、道观、会馆应有尽有。

参考文献

[1]张宏．巴蜀古建筑．成都:电子科技大学出版社,2014:114.
[2]梁思成．敦煌壁画中所见的中国古代建筑．文物参考资料,1951(5):10-11.
[3]蓝勇．西南历史文化地理．重庆:西南师范大学出版社,1997:507.

第三章　重庆古镇庙宇建筑内涵

中国的古建筑以独特的木构建筑结构、庭院式组群结构、讲究对称等特点在世界古建筑史上独树一帜。重庆地区的古建筑除了有着中国传统建筑的形式外，还有着重庆地区本土建筑的特点，这些特点是由重庆特殊的地理位置、多民族的文化及复杂的自然地理环境等因素影响形成的。另外，地区政治经济文化的发展，宗教传入和演变，大规模移民潮的出现，逐渐将各地特色建筑形式融入重庆古建筑之中。

外在艺术内涵主要表现在物质方面。古代建筑艺术是一种独特的艺术形式，是传统艺术的外在表现与载体，建筑艺术综合了绘画、雕刻等多种艺术表现形式，还融入了历史、政治、经济、音乐、物理、化学等各种学科。生存环境、生活方式以及建筑材料影响着建筑艺术的表达方式，造就了独具特色的重庆建筑艺术。

建筑的艺术内涵表现在精神方面，建筑艺术是社会某一阶段人类思想、文化、艺术等在建筑实体上的凝固。思想、文化、艺术又影响到社会、宗教、伦理等多种生活理念，然后这些生活理念的意识形态再投射到建筑文化之中去。

建筑艺术有其个性，建筑作品往往体现着建筑师的哲学观念、艺术追求等内在深度。建筑并不是简单的建房子，而是将人类生存智慧与各种艺术相结合的一种艺术形式，建筑风格的变化也是艺术风格的变化，展现了中国传统建筑艺术与重庆建筑艺术相整合的艺术表现手法。

第一节　重庆古镇建筑的前世今生

建筑是凝固的艺术，建筑艺术具有区域性、实用性、丰富性、变化性和融合性。建筑艺术与自然环境、生产力的发展、社会变革是分不开的，这要求我们用整体论的思想和发展的眼光看待这一学科。

重庆是一座有着3 000多年悠久历史的文化名城，先后被称为巴郡、楚州、渝州、恭州，屡经历史变迁，宋光宗后才升为重庆府。据文献记载，早在夏代禹王分华夏为九州，梁州所属就有“巴”。在甲骨文中，也有关于“巴”的记载，这说明重庆古建筑的历史是非常悠久的，巴渝先民早就开始了对建筑美的追求。建筑是一方水土精神的外在体现，如同一方水土养一方人，其实一方水土也孕育出了一方的优秀建筑。[1]重庆地区是古巴渝文化的发源地，巴渝人民在这片土地上孕育出了富有民族特色的建筑文化，并在此谱写了他们的历史生活史诗。

一、重庆古建筑概况

重庆的古代建筑大概经过三个时期：萌芽时期、形成时期及成熟时期。

（一）萌芽时期

重庆古建筑文化的萌芽时期大致从旧石器时期开始至夏商周结束。朱松林在《近代以来重庆100件大事要览·巫山猿人的发现》一文中写道：1985年巫山人化石的发现证明了200万年前重庆地区就有猿人在此活动，龙骨坡遗址系石灰岩构成的山体，共计出土了两件人类化石、一批石制品和120种脊椎动物化石，我们进一步了解巫山猿人以石灰岩洞穴为居，这与中国其他地区的多处古人类居住地相类似。

任桂园在《大巫山文化·大溪独特的文化形态》一书中提到，大溪文化遗址的发现，证明了当时的人已经在长江边的台地上建房为居。台地大巫山西区长江南岸三级台地上发掘了 210 座墓葬，墓葬中清理出了 1 700 多件文物，有石器、骨质工具，还有陶器和玉器。其他还有绿松石、海螺、蚌珠、象牙等物。

随着文化遗址的不断发掘，从这些文化遗存当中，我们发现了柱洞。这一遗存物证明了重庆地区先人已经从穴居走到地面建房定居。从柱洞等情况来看，大溪文化的房屋多为红烧土和竹材制成。这一现象同时也说明了该地区人类生产力水平的提高和思想的进步。

（二）形成发展时期

从秦汉到唐宋是重庆建筑文化的发展形成时期，根据重庆渝中区古城墙、永川区汉东城遗址、涪陵珍溪镇遗址、合川钓鱼城、丰都鬼城、大足石刻等地保留下来的画像砖、崖墓以及其他古建筑遗存，可以说重庆地区的古建筑已经形成了自己的独特风格，建筑技艺也已经发展到了相当高的水平。

巴人自迁江州（今重庆渝中区）以来，历经夏商周，灭于秦。公元前 316 年，为巩固秦朝统治，张仪在古巴国国都江州始筑城墙，南宋时期蒙古南侵，彭大雅据半岛地势筑城，基本形成了重庆古城墙的格局。这个时期在重庆筑的古城墙是重庆秦、宋时期形成的古代军事设施建筑的典范。

2014 年 4 月考古工作者在涪陵珍溪镇遗址考古发掘中发现了唐宋时期的“柱础石”，其外沿刻有莲瓣纹，中间又有开凿的“臼窝”，这是唐宋时代建筑独有的特征。柱础是建筑物的木柱底端的一种构件，呈圆鼓形或多边形。为满足结构上与视觉上的需求，其直径一般比柱子大。它的作用是用来承受屋柱压力并传递到地面，且能防潮防侵蚀。[2]这种柱础石大量用于中国古代建筑，属于石构件的一种。

宋代钓鱼城古战场遗址，城门、城墙、皇宫、武道衙门、步军营、水军码头等至今保存完好。除此之外，还有钓鱼台、护国寺、悬佛寺、千佛石窟、皇洞、天泉洞、飞檐洞等名胜古迹。在钓鱼城范家堰遗址抢救性发掘当中，考古工作人员发现了两座宋代大型高台建筑基址，均为条石垒砌，内部以红黏土夹杂石块夯筑。其保存状况较好，残高近 6 米，高台周边发现有排水暗沟等附属设施。此外两座高台建筑基址之间发现疑似“城门”的石砌拱券顶建筑，前后有八字挡墙，上部有连接两座高台的基础建筑。宋代高台基址及拱顶建筑均为钓鱼城首次考古发现。

丰都鬼城是重庆氐羌部落鬼族信奉巫术的文化沉淀，使得鬼城里有着像阳间一样等级森严的阴间世界，苛刑峻法也反映着现实世界统治者的残忍。这些寺庙建筑以想象中的阴曹地府为蓝本重现出了重庆古代建筑的奇特壮观。丰都宗教建筑密集程度大、时代跨度广、文化价值高，使丰都成为重庆古建筑较有代表性的一座历史文化名城。此外丰都还有汇南汉墓群，此墓群属公共墓葬群，各种土坑墓、砖室墓、岩坑墓和瓮葬墓交错，而青砖的使用则反映出了汉代建筑水平的提高，这在全国实属罕见。

大足石刻是唐末宋初时期的宗教摩崖石刻，该石刻群以佛教题材为主，有石刻造像 70 多处，总计 10 万多躯，其中以宝顶山和北山摩崖石刻最为著名，其以佛教造像为主，儒、道教造像并陈，是中国晚期石窟造像艺术的典范。

随着上述考古发现与发掘工作的开展，逐步再现了重庆秦汉至唐宋时期的建筑形式。从秦以后，重庆地区的建筑风格逐渐受到了中原建筑风格的影响，不仅出现了大量木质结构，还出现了砖石的运用。这些建筑特点在房屋、寺庙、公共设施和军事设施等大多数古建筑中都有体现。

（三）成熟时期

元明清时期是重庆地区建筑文化的成熟时期，这一时期民族矛盾加剧，各地区文化交流频繁，先后经历了少数民族统治、两次湖广填四川移民运动，既有分裂动荡又有国家统一，既有支持佛教文化的蒙元贵族又有信奉正一天师道的明代朱氏子孙，儒释道以及多种民间宗教长期并存，“宋王朝的政治体制是称为君主绝对制的强制集权专制君主制。实际上完成这一体制的是明王朝。这种政治体制自然要求对宗教教团实行严格管理”。[3]“明代诸帝对道教皆相当尊崇敬奉，对道教教团管理严格。明太祖一再敕令清整佛道二教，命道士编成斋醮仪范突出宣扬封建伦理的内容定为玄门统一格式”。[4]统治者的支持促进了元明清宗教建筑的蓬勃发展，移民文化促进了会馆的兴起。重庆地区出现了富有当地特色的吊脚楼、园林建筑、寺庙道观、会馆、民居等。清末重庆开埠后，外国建筑文化渐渐对本土建筑产生影响，出现了西方风格的教堂、民居等。

通过重庆考古所对慈云寺遗址的抢救性考古发掘，考察了寺庙主体及附属建筑遗迹 33 处，包括殿基址 4 处、房址 2 处、院 1 处、排水沟 8 条、道路 4 条、焚烧坑 6 个、佛台 7 个、佛龛 1 处。出土了铜、铁、陶、瓷、石等各类明、清时期遗物百余件。此次考古调查发现了大型台基五进、石碑三通、各类题记八则、各类造像五尊、精美石构件九件及墓地三处。结合出土碑刻、题记及石质文物雕刻工艺和风格判断，此处早期建筑基址的年代上限可及明代晚期，下限至乾隆五十四年；晚期建筑基址的修建年代则为乾隆五十五年，本次发掘工作最大的收获是弄清了寺庙主体区域的布局与结构。慈云寺遗址是重庆地区目前保存最好的古代寺庙基址，其布局清晰、结构完整，具有较高的历史、艺术和佛教考古价值，是认识与研究重庆地区的历史文化、明清时期佛教寺庙布局特点的重要实物参考。

在汉东城遗址的考古发掘中发现城墙、房址、墓葬、灰坑、水沟、道路、陶窑等各类遗迹101处，房屋的柱洞、排水沟和墙体的基座等都被完整保留下来，面积共计10 000平方米，此古城涵盖了新石器时代、商周时期、汉代、唐宋元及明清各个时期的建筑风貌。

随着文物发掘工作的进一步开展，还原了重庆地区这一古建筑的文化元素和本地特色。各地区建筑文化相互影响，外来建筑逐渐与古镇当地建筑融合，特别是重庆开埠以后，本地建筑受到外国建筑元素的影响，出现了西式的圆拱、柱式等特征。

二、重庆古建筑内在艺术内涵

张欣在《苗族吊脚楼传统营造技艺》中写道，自然环境对民居影响甚大，任何建筑都受制于地形、气候和建筑材料，在形制结构上要适应气候和地形，在材料上需借助当地的资源，建筑技术也与材料息息相关。重庆独特的地理特征，组团式的城市构成方式，夏季炎热冬季阴冷潮湿的气候以及多山多水自然灾害频发的自然环境，使其形成了独具一格的建筑风格。

重庆古建筑是中国传统古建筑系统的重要组成部分，重庆地区的古建筑不仅有着中国传统建筑的样式，还有着重庆地区古建筑的独特风格，这些独特的建筑文化风格正是重庆古文化、古文明的标志和象征。

这些独特的建筑文化风格是受重庆独特的地理位置、复杂的民族构成、源远流长的文化以及多样的地理、气候等因素共同影响形成的。随着各地区各民族政治、经济、文化的发展和交融，移民带来的富有地方特色的建筑逐渐和重庆本土的建筑风格相融合，形成了现在的各民族建筑风格交融，实用性和美观并存的建筑文化内涵。重庆拥有51个少数民族，民族文化的多样性使重庆建筑博采众长，也对巴渝建筑文化的整体产生了不可磨灭的影响。

重庆地区的建筑文化是集重庆建筑学、历史学、文化学、宗教学、哲学、美学、考古学、民族学等多个学科的重庆文化的集合体。它凝聚着古代巴渝地区各阶层人民的智慧和才能，无论是个体建筑还是群体建筑，都是重庆地区不同历史时期政治、经济、文化、科技等方面的综合产物，是自然科学与人文科学的完美结合。

重庆古建筑历史文化的形式可以区分为民用、宗教、军事等建筑文化形式，他们呈现出多种多样的建筑文化形式。中国建筑材料多以木质为主，具有悠久历史的建筑难以保存，目前保存较多的是明清建筑，大多存在于各大古镇、老街中，市区繁华都市中也隐藏着许多具有宗教、军事意义的古建筑，如重庆天主教堂、解放碑能仁寺等。

重庆的宗教建筑遍布于重庆的各大区县，有佛寺、道观、清真寺、教堂等，大多集中在人口密集的中心地带。宗教文化带来的宗教建筑和中国传统建筑的母体相结合，宗教本土化的过程中形成了既符合中国建筑审美特点又具有异域特色的建筑。如佛教建筑带来的佛像石刻雕塑；伊斯兰教建筑带来的门邦克楼和礼拜大殿上丰富多样的伊斯兰装饰；基督教带来的罗马式、哥特式、拜占庭式的建筑元素，这些元素广泛融入重庆建筑之中。

重庆地区古建筑是中国传统古建筑的缩影，它继承了中国传统古建筑的基本内涵，包容并蓄了多种外来建筑文化，并有所阐发，形成了独具特色的建筑文化内涵。明朝以前的古建筑虽然保存下来的很少，但是保存下来的仍然具有巨大的历史文化研究价值。

三、重庆古建筑的类型与现状

（一）重庆古建筑的类型

重庆古建筑有军事建筑、公用设施、民用设施、园林建筑和其他的古建筑形式。

1. 军事设施

重庆有着丰富的军事建筑，包括城墙、城门、碉堡等，许多军事建筑广泛分布于古城镇之中。重庆历来是兵家必争之地，公元前316年，张仪在今重庆渝中区开始筑城墙，南宋时期彭大雅据半岛地势筑城，形成了今天重庆古城墙基的格局。明太祖洪武四年戴鼎在旧址建成了象征“九宫八卦”的九开八闭共十七座城门；十三世纪钓鱼山依山筑城形成了钓鱼城，南宋王朝与蒙古大军之间整整36年的攻防争夺战的地点便是钓鱼城。巴南区的丰盛古镇在古代是通往南川、涪陵的必经之地，其在清代修有数十座用于防御的碉楼，现今保存完好的有十座。[5]

2. 公用设施

历史上重庆地区的公用设施有寺庙、道观、会馆、墓葬群、古镇村落老街和道路等。寺庙有很多，包括双桂堂、慈云寺、罗汉寺、华岩寺、缙云寺、宝轮寺、大佛寺、观音寺、二佛寺、双峰寺、古林寺、龙凤寺和石林寺、开县东岳庙等；道观有老君洞、张飞庙、南山老君洞、沙坪坝龙泉洞、渝北龙藏宫、鹅岭关岳庙、綦江白云观、万盛龙门观、三圣宫、江津朝源观、清源宫、巫山文峰观、大足三清观、奉节天仙观、永川紫云宫、北碚缙云山白云观、绍龙观、合川二仙宫、合川龙多山太清宫，还有即将开发的铜梁巴岳山玄天宫、潼南的陈抟故里景区都是道教文化；会馆有湖广会馆、禹王宫、文昌宫、天后宫和万寿宫等；墓葬有岩墓、砖墓、土坑墓等。近年来发掘了四处先秦时期的遗址，进一步丰富了先秦考古学材料，对于认识和研究这一时期聚落环境与建筑文化等问题具有重要意义，为建立渝东南地区先秦时期的建筑文化序列提供了依据。古镇村落老街有磁器口、涞滩、路孔、龚滩、龙潭等；道路有古镇古村落的街道，如龙潭、双江古石板街、西沱云梯街；宗祠，如松溉古镇的建于明朝洪武年间的罗氏宗祠，保存最完好的塘河古镇的延重祠；古县衙，巴县衙门、松溉古镇的古县衙人称为老官庙；桥梁有斑竹滩大桥、中山石拱桥、西沱古桥龙眼桥、路孔七座古桥建于明清妃子桥等。

3. 民用设施

重庆民用设施有民居、书院等。民居一词最早起源于周，民居包括民居和商铺。民居大多是传统中式建筑，重庆特色民居是吊脚楼，吊脚楼依山坡就势而建，因地制宜，是为了防洪防灾而生的，遍布于重庆各大古镇及重庆主城区。吊脚楼作为重庆地区独有的传统民居形式，最早可追溯到东汉，如重庆巴南彭氏民居。目前，重庆市内保留的吊脚楼民居群多数修建于 20 世纪三四十年代以后。除了主城江边沿山坡处，到处都有几根杉杆撑着的一间间四四方方的木楼，这就是土家族吊脚楼。吊脚楼营造技艺及其建筑外形，都是巴渝地区标志性的文化符号之一，也是这一个地域的文化个性。松溉镇的古民居串夹壁、青瓦木结构，四合院吊脚楼有 20 多处，保存较好的有陈家院子、张家院子、赖家院子；双江清代民居 20 多处，有兴隆大院、源泰和大院、长滩四知堂、惠民宫；龙潭古木建筑民居，砖木结构的民居鳞次栉比，一般人家是三柱门棋、三柱六棋、五柱八棋；西沱的下盐店是典型的清代民居古建筑群；中山古镇的过街楼、九座古庄园；路孔明清古街中的房屋大多历经了两百多年，包括赵氏宗祠、花房大院、小姐绣楼、大荣寨等。

古代商铺也分布在古镇、老街中，其建设模式跟民居有一定的区别，除了建筑材料结构差不多以外，为了方便迎客，门的开间很大，门口上下面各有一个卡槽，能够把木板一块一块地放进去，当地居民称之为梭梭门或梭板门，明清以后多用合页门，这种门可以折叠方便迎客，如许多古镇老街沿街门面，中山古镇的老药铺九龄堂。在龙潭老街也有许多临街用木板装修或以砖泥砌成柜台的商铺。

书院在产生之初，常与僧院、道观为邻，选址多在风景优美的山林，古老的书院体系在中国唐代开始，存在了1 000多年。重庆书院大都是由寺庙或有钱人家的大院改建而成的，如磁器口古镇的翰林院。

（二）重庆古建筑的现状

重庆古建筑大多是明清时期修建，唐宋及更早遗存的建筑大都在明清时期重新修建了。古镇老街的建筑保存现状不容乐观，具有象征意义的公共建筑、名人故居和具有商业价值的建筑保存较好，地理位置偏远的古镇建筑保存情况相对较好，其次军事建筑主要使用石材故而保存较为完整，除了因城市建设原因拆除了部分城墙，大多的古城门、古军事遗址都有遗存。其余古建筑多数拆建，失去了古村镇的原始风貌。正在消失的古建筑区域有很多，包括十八梯、石板坡居民、江北古城、两路口老街等。

四、重庆古建筑的主要特征

重庆地区的古建筑以穿斗式和抬梁式结构为主，以砖木竹土为墙，草或者竹作为墙筋来稳固墙体，再夹土或者碎石做成夹壁墙；挑檐形式多样，有庑殿、歇山、硬山、悬山等；城镇街道多以青石铺就，很多古镇都有石板街；斗拱样式风格明快、简单，以实撑撑拱居多；吊脚楼设有阁楼、临街面的单挑或双挑外廊；窗有空花窗饰和镂空雕饰，门主要是由合页门、搓板门为主；建筑群中都有良好的排水系统。

重庆古建筑的主要特征可以从建筑原材料、建筑构图、艺术特征、文化特点等方面来研究。

（一）建筑原材料以竹、石为主

重庆地区建筑原料主要是就地取材，如竹、木、砖、石等都是重庆本地方便取用的建筑材料。此地竹料丰富，为这一地区建筑增添了独有的特色，重庆多山，居民就近开采石板铺就石板路。竹、石的运用是重庆地区古建筑材料的一大特征。

（二）建筑空间构图依山就势，具有随意性

重庆的建筑构图要从建筑个体和群组平面布局分别来看，个体建筑还是以中国传统建筑为模式，坐南朝北、以木结构为主建成几进几间的房子；群组建筑中布局非常灵活随意，建筑物与园林常常结合在一起，中国的住宅讲究对称和礼制，而园林则追求清新自然。重庆地区寺庙园林因地势原因难以遵照中轴对称的建筑格局，先民依据自然地理环境因地制宜地形成了依山就势、随地形而建的特征，宅院之间的主次关系不明确。巴渝民居多所采用依地形而建的“十八法”，无论官方建筑还是民间建筑都受此影响。“一条石路穿心店，三面临江吊脚楼”，就是这种建筑最好的真实写照。

（三）大出檐、斜撑弓以及多层挑的建筑结构是重庆建筑结构的显著特征

穿斗式是重庆民居结构的主要方式，采用穿斗式或抬梁式梁架，用斗拱来装饰和承接屋顶，用撑弓稳定和连接建筑构件，屋顶样式具有阶级森严的限制。以竹编夹泥墙作为围护结构，通气性是这种墙壁的优势。屋面采用薄青瓦加通花漏空屋脊，大出檐、斜撑弓以及多层挑是重庆建筑结构的显著特征。重庆地区夏季炎热多雨，“凉厅子”应运而生，在天井或院落上空，搭建高出屋顶的敞顶，起到通风采光、挡雨遮阳的作用。如涪陵的龙潭以及丰都的包鸾和江津的中山等地都有它们的影子。

（四）装修特征灵巧生动不铺张，具有率真朴实的特征

重庆地区的建筑装修多采用清淡雅致的颜色，三雕三塑的工艺精湛，灵巧生动不铺张。漆的用料以黑、红为主，并适当加金，有时也采用熟桐油罩面的方式，以保持材质本色。“瓷片贴”也是重

庆建筑的装饰手法，它是在装饰物表面粘贴各式各色的碎瓷片，拼成各种图案花纹，这种方式主要用于脊饰装饰，从中可以体现出重庆人朴实的民俗民风，也体现了他们率真的审美趣味。

(五)艺术特征既满足了日常生活需要又满足了精神需求

建筑美是设计美和功能美的组合，建筑是物质和精神共同构建而成的，除了要满足日常使用外还需要满足精神的需求，精神世界对建筑形态有反作用。建筑形态通常由点、线、面、体、质、色构成，并运用光、阴影的作用，带给建筑的是不一样的艺术表现。艺术特征由空间结构、建筑结构、建筑材料、内部装饰、外部造型等各方面组成。装饰类别有门、窗、斗拱、撑拱、脊饰、檐枋、栏杆、家具、柱础石、诗画等。重庆古建筑所处的环境、功能意境不同，表现出艺术特征的独特性。

(六)朴实率真的民间文化特征

重庆处于中国的西南部，秦以前由于生产力低下、交通状况恶劣等原因，重庆地区一直未受中原王朝的统治，建筑思想未受封建专制思想的影响，形成了与北方完全不同的建筑文化风格和朴实率真的民间文化特征。

五、重庆古建筑历史文化内涵

重庆古建筑历史文化内涵与吊脚楼、移民潮、风水论、本地人方言性格等密不可分。吊脚楼是巴渝人民辛勤劳动的结果，反映了巴渝人民居安思危、就地取材、巧妙利用地形的心态，体现了巴渝人民不向自然环境屈服的顽强意志。可以说没有巴渝文化就没有吊脚楼，他们是相互依存的关系。

移民潮引入了移民地区的建筑文化，中国是一个多民族文化融合的国家，重庆受到民族文化融合的影响，建筑元素相互结合，各地区历史文化相互影响渗透。如祠堂、各地会馆等。这些移民文化代表的是中国儒家思想及宗族制度[6]，偏远地区需要这些文化来控制人心，增强政府的向心力。这些文化有力的表现形式就是在建筑上，高墙深宅大院，这是建筑典范。

中国是重视风水论的国家，风水在一定意义上体现了我们现在所讲的环境科学。重庆地区也不例外，庙宇城镇都需要选择一个便于生活的好地方。依山傍水成了人们追求的目标，重庆多山多水的先天地理优势正好符合风水理论，如古镇村落等都选择靠水的地方，寺庙选择在山顶等，这些反映了重庆先民建造建筑的选址文化特点。

重庆靠两江，码头在重庆交通运输物质交流上扮演着重要的角色，在码头附近沿江而建的吊脚楼为码头文化的成长起到了至关重要的作用。

重庆人性格直爽，建筑结构也非常简单。建筑布局的随意性和多样性受到了重庆人直爽、热情的性格的影响。

本地特色建筑模式是重庆历史文化的反映，本地的民居、公共设施、祠堂、宗教建筑、军事建筑等古建筑受到了重庆古代先民的建筑理论、思想文化的影响。形成了历史形态多元化的建筑形式，给重庆留下了宝贵的历史物质文化遗产，同时也有更多的非物质文化遗产融入历史物质文化遗产之中。

第二节　重庆宗教建筑艺术内涵

重庆古镇中的庙宇建筑受到中国传统文化、本土宗教和外来宗教的影响。首先表现在中国文化里，中国建筑中的中国文字、绘画超脱了功利是非，是对人生、社会的理性认识。在讲究秩序协调的同时又富有积极进取的精神。建筑艺术审美经历了一个从简向繁，再由繁到简的过程，这是建筑功能的内在发展动力，也是事物发展的规律。重庆古镇庙宇建筑在政治、经济上的需要给庙宇建筑发展提供了充足的想象空间。其次表现在建筑哲学上，中国哲学讲究的是合乎天理、“天人合一”，在居住环境上追求纵情山水、融于自然，正是“山水养人、人养山水”，现在来看，这其实就是朴素的生态学。[7]山水被中国人赋予了文化内涵，先民将自然环境与古代哲学思想相结合，形成了富有中国特色的宗教建筑形式。重庆古建筑的用色、建筑构件、建筑组群方式均追求和谐自然的思想，重庆人民在建筑用料上就地取材，在建筑选址上尊重环境，依山就势，并与音乐、绘画、诗词等多种艺术形式相结合，通过宗教建筑形式和深厚的传统文化内涵，营造出建筑语言的艺术空间，将人居环境与宗教建筑艺术和谐地融为一体。最后表现在外来建筑艺术形式上，外来建筑艺术形式对本土建筑风格影响较小，因为外来宗庙建筑较少，重庆古镇庙宇中少有基督教堂和伊斯兰教教堂，龙兴镇有一个中式的基督教会址，采用的是中式建筑式样，教堂内有“三位一体”的象征，教堂的建造与装饰表现出信众对上帝居所的爱与崇敬，中西结合的建筑形式展现了外来宗教对建筑艺术的影响。

一、佛教建筑艺术内涵

（一）佛教的起源

佛教起源于公元前六世纪的古印度，相传由迦毗罗卫国（今尼泊尔境内）释迦族人净饭王的长子乔达摩·悉达多所创立，后来他的弟子尊称他为释迦牟尼，意为释迦族的圣人。

古印度盛行奴隶制度，种姓制度造成阶级矛盾激化，使得社会动荡、生产下降。痛苦、失意、无望、颓废的社会情绪感染了悉达多，他思想日益苦闷，便外出寻道。他尝试从婆罗门教中悟出解除苦难的方法无果，于是在菩提树下冥思苦想，经过几年的禅悟终于悟出了解脱苦难之道，后来逐渐形成了佛教。

（二）佛教教义

佛教的教义是一个相当庞大、精细的体系，在不断地传播发展中因教义不同产生了众多的流派，本文中只阐述佛教最基本的教义。

“四圣谛”是佛教的基本教义之一。分别是苦谛、集谛、灭谛、道谛四谛。“谛”是真理的意思，四谛就是佛教的“四大真理”。“苦谛”是说人世间一切都是苦的，人生一世会遇到生、老、病、死等十六苦。“集谛”指造成世间人生及其苦痛的原因业和惑（烦恼），如果断绝业和惑，就可以达到“寂灭为乐”的境界，这就叫“灭谛”。要达到这种境界，就必须修道，这就是“道谛”。佛教所说的“道”就是涅槃之道。所谓“涅槃”译义为寂灭、不生、无为、安乐、解脱等。四谛之中，苦、灭二谛尤为重要。人生最苦，涅槃最乐，这就是佛教的基本思想。

佛教在进一步分析苦难和造成苦难的原因时，提出了“十二因缘”说：世界上所有现象的存在都是依赖于各种条件的，离开了条件，也就无所谓存在，这就是十二因缘。十二因缘指从“无明”到“老死”这一过程的十二个环节，因果相随，三世相续而无间断，即无明引起意志行，由意志引起了精神统一体的识，由识引起身体的精神和肉体，有了名和色，就形成了眼、耳、鼻、舌、身、意（心）等感觉器官的六处，六处引起和外界接触，由触引起感受，由受引起贪爱，由爱引起对外界事物的追求索取，由取引起生存的环境，由有引起生，再由生引起了老死。在《佛说长寿灭罪护诸童子陀罗尼经》中，普光正见如来对颠倒女人宣说了十二因缘：“汝当谛听，我当依过去诸佛说十二因缘法：

无明缘行，行缘识，识缘名色，名色缘六入，六入缘触，触缘受，受缘爱，爱缘取，取缘有，有缘生，生缘老死忧悲苦恼；无明灭即行灭，行灭即识灭，识灭即名色灭，名色灭即六入灭，六入灭即触灭，触灭即受灭，受灭即爱灭，爱灭即取灭，取灭即有灭，有灭即生灭，生灭即老死忧悲苦恼灭。颠倒当知，一切众生，不能见于十二因缘，是故轮转生死苦趣。若有人见十二因缘者，即是见法，见法者即是见佛，见佛者即是佛性。何以故，一切诸佛以此为性，汝今得闻我说此十二因缘，汝今以得佛性清净，堪为法器。”

根据“因果报应”，佛教又提出“轮回”的说教。佛教沿袭婆罗门教的说法而加以发扬，宣称一切有生命的东西，会永远在“六道”中生死相续，根据佛教经典“六道”是指：天、人、阿修罗、地狱、饿鬼、畜生。人若做了善事，死后就可升入天界。人若做了坏事死后就会变成畜生，变成饿鬼，或堕入地狱。

（三）佛教东传

孔雀王朝时期（公元前 324—前 185 年），佛教被定为印度的国教。佛教逐渐向亚洲其他各国传播，南从印度到斯里兰卡、缅甸、泰国、柬埔寨、老挝等国，北经帕米尔高原，在公元前后传入我国，再由我国传入朝鲜、日本等国。佛教传入后与当地的思想意识、宗教相结合，形成了不同的流派。

佛教大约于公元前 1 世纪传入中国，随之佛教艺术也兴盛了起来。传入早期人们用土夯筑和土块垒砌了佛塔，修建了“木骨泥墙”的“回”字形殿堂，并用泥和石膏等塑造佛和菩萨像，发展了泥塑艺术，将我国中原绘画中的线条与印度的凹凸晕染法有机地结合在一起，产生了“龟兹艺术”和“高昌艺术”。佛教艺术传入中原地区后与中国画艺术相结合，出现了中原风格的佛教艺术，如重视线条的运用和敷彩的敦煌艺术、浑厚纯朴的云冈石窟艺术等。同样，中原各地的佛教艺术在与重庆地区的建筑艺术相融合的过程中也放射出异彩。

(四)佛教文化与中国传统建筑的融合

佛教传入中国后深受儒家、道家的影响，逐步走上了儒释道三教融合的道路，佛教文化也逐渐中国化、民族化，成为中国文化的有机组成部分。“魏晋南北朝以来的中国传统文化已不再是纯粹的儒家文化，而是儒佛道三家汇合而成的文化形态了。”[8]

佛教与中国传统文化融合除了有一定的社会基础和时代契机，还有思想文化本身的原因。作为外来文化形态的佛教之所以能在中国生根、开花、结果，首先归因于文化选择机制的作用，即佛教与中国传统文化的相互交流、相互选择[9]。

佛教文化与中国传统建筑的融合最具代表性的就是佛塔，佛塔建筑是文化融合的产物：印度佛教建筑窣堵坡和中国的传统建筑楼阁是佛塔的两大源头。佛塔在印度是埋葬佛“舍利”的半圆形坟墓，流传到中国后，多将佛塔楼阁置于下方，阁楼顶上放置刹顶，因为与中国传统的楼阁建筑相结合，因此产生了楼阁式佛塔、密檐式塔、亭图式塔、覆钵式塔，金刚宝座式塔、宝箧印式塔、五轮塔、多宝塔、无缝式塔等多种形态结构各异的塔系，建筑平面从早期的正方形逐渐演变成了六边形、八边形乃至圆形。塔的构造有木、砖、石等，重庆地区以前三种形式塔居多，在唐代时形成了以四方形为主，端庄稳重的形制。宋代时期变得纤巧秀丽、注重装饰，宋塔以六边形和八边形居多，重庆地区也不例外。如大足北山多宝塔是重庆地区宋代砖石建筑的典范，多宝塔建于南宋绍兴年间(公元1131—1162年)，明清均曾修葺。塔为砖砌，八角十二级楼阁式，高30余米。塔檐距离较小，内部为七层，通道置于塔心，从南券门入，可登临塔顶。塔内外均有丰富的雕刻，通编为80号。塔外第一层八根角柱上雕刻有盘龙、力士像，塔内外壁雕有佛、菩萨、人物以及各种花木图案，为其他砖塔所少见。

佛教传入中国后佛塔在佛寺中的位置发生了显著变化，在印度时，它被放在佛寺正中，是一座佛寺最主要的建筑。在中国佛塔

大足北山多宝塔

往往建于寺的前后或左右，甚至建塔的地理位置与佛寺完全无关。唐代前期，佛塔处于佛寺整体布局的中心位置，唐中、后期的多数佛塔都逐渐居于寺院殿前的两侧或主院外的东南、西南方。

楼阁式塔源于我国古建筑中的楼阁，具有台基、基座，有木结构或者砖石仿木结构的梁、枋、柱、斗拱等具有楼阁特点的构件，塔刹安置在塔顶。重庆地区现存的唐宋时期的楼阁式塔，多是用砖按照木结构的形式在塔的外层做出檐、梁、柱、墙体与门窗，在塔内用砖造出楼梯。

密檐式塔是由楼阁式塔演变而来的新式佛塔，把楼阁的底层尺寸加大升高，而将以上各层的高度缩小，不设门窗，使各层屋檐呈密叠状，使全塔分为塔身、密檐与塔刹三个部分，因而称为“密檐式”砖塔。而且塔身越往上收缩越急，形成极富弹性的外轮廓曲线。重庆地区唐宋时期密檐式塔与国内的其他地区相比较，也颇具特色，如平面均为方形，塔身有收分卷杀形成的曲线，除个别外都有蹬道可以登临。[10]佛塔内多有彩绘和佛像，砖雕上的图案有力士、伎乐、飞天、滚龙、飞雁、帷幔、花卉等形象。塔的砖砌结构非常严实，外壁砖与内层砖相互交错砌筑。

（五）重庆佛教建筑思想内涵的体现

作为宗教建筑，除了提供宗教活动的场所，还需要展现宗教的教义和历史，如教堂建筑中描述圣经故事的彩色玻璃花窗。在佛教建筑中，有个专有名词叫作“表法”，可以理解为“形象地表达佛法”。本文以磁器口宝轮寺为例，解读重庆宗教建筑的“表法”原则。

佛寺“表法”多通过建筑布局、佛像、雕刻、装饰、绘画等方式进行，具体到宝轮寺之中，则不能不提它法相庄严的雕塑和灵活生动的石刻。从佛寺文化内涵、罕见的纹饰和艺术成就来看，这些雕塑和石刻的主要目的是和大殿中的七佛、十四尊胁侍菩萨、两位护法天王以及佛座下的力士、神兽等一起构成一幅“七佛说法图”。在这幅画面中，七佛依次列座，表示过去诸佛已进入涅槃之中，中间一佛右手作说法印表示正在宣说佛法，到最西侧的释迦牟尼佛，右手作与愿印表示满足众生的愿望。释迦牟尼佛又面部稍偏向右方外侧，配合右手的与愿印似在延请虚空之中将要到来的未来佛——弥勒菩萨。整个七佛的构图组合端严流畅，可谓是表述过去、宣说当下和开启未来的一次完美说法。诸位胁侍菩萨或侧耳聆听或抬头仰望，似在静思佛祖的教诲；两位护法的天王全身甲胄孔武非常，面部上扬而目光下视，充满睥睨外道震退群魔的英雄气概。宝轮寺依山而建的高耸地势配合刚一入寺的陡峭台阶和迎面而来的浮雕盘龙，一股威严气势扑面而来。

磁器口宝轮寺大雄宝殿门外的石雕

二、道教建筑艺术内涵

古建筑的历史文化内涵是指所处时代的建筑所透露出来的创作思想、观念意识、精神面貌等。作为具备独特地理环境的重庆，其建筑文化和其他区域相比有着明显的差异，显示出独特的重庆建筑文化内涵。

(一)道教的起源和发展

道教是中国的本土宗教,最早可追溯至上古时期的鬼神和自然崇拜,从最早的占卜等方术,逐渐演变成殷周时期的祭祀活动。至殷商时代,道教初步形成了以天帝为中心的天神系统,周代鬼神崇信进一步发展,所敬的鬼神已形成天神、人鬼、地祇三个系统。信众把崇敬祖宗神灵与祭祀天地并列,称为敬天尊祖。

道教的形成是一个缓慢的发展过程,《太平经》的流传和张道陵的天师道标志着道教最终形成。两晋南北朝时期,道教吸取了当时风行的玄学,丰富了自己的理论。东晋建武元年,葛洪著作了《抱朴子》,是道教理论的第一次系统化,丰富了道教的思想内容。南北朝时,寇谦之在北魏太武帝支持下建立了“北天师道”,陆修静建立了“南天师道”。唐宋时期,唐高祖李渊认老子李耳为祖先,宋徽宗更自号“教主道君皇帝”,道教因而备受尊崇,成为国教。据《宋史·仁宗本记》记载:天圣八年(1030 年)五月甲寅,赐信州龙虎山张乾曜号澄素先生。此阶段道教不仅在中国内部有所发展,更借由迁徙与文化交流发扬至亚洲其他各处。宋末元初北方出现了王重阳创导的全真道,被元朝统治者授予主管天下道教的权力。为应对全真道的迅速崛起,原龙虎山天师道、茅山上清派、阁皂山灵宝派合并为正一道,尊张天师为正一教主,从而正式形成了道教北有全真派、南有正一派两大派别的格局。明代时,永乐帝朱棣自诩为真武大帝的化身,而对祭祀真武的张三丰及其武当派大力扶持。道教依然在中国的各种宗教中占据着主导的地位。清代开始,清朝统治者信奉藏传佛教,并压制主要为汉族人信仰的道教。清朝以后,道教基本停止发展,道教从此走向了衰落,进入近现代社会以后,道教更是衰微。

(二)道教教义

道教认为“道”是宇宙的本原与主宰者,无所不包,无所不在,无时不存,是宇宙一切的开始与万事万物的演化者。与“道”并提的是“德”。在道教经书中对“德”的解释主要有两种:一是道在我者就是“德”,二是指社会的伦理道德、人的品德。法自然以顺道,顺乎阴阳五行运行、变易,即可得道,是为“德”。道教追求长生久视,因而其根本信仰便是尊“道”贵“德”,其修持之首务便是修道积德,功德圆满,才能得道成仙。

《太上老君说常清静经》:“大道无形,生育天地;大道无情,运行日月;大道无名,长养万物”,这是“自然演化”的道教宇宙生成论的概括。道教重视生命的价值,以生为乐,重生恶死,追求长生不死。道教认为人的生命存亡并不取决于天命,道生万事万物,道与生相守,生与道相随,道在则生,道去则死,故人只要善于修道养生,安神固形,就可以长生不死。正因为道教相信生与道相守,故道教采取许多修道养生的功术,认为能形神合道,这也是《道德经》中所说的:“深根固蒂,长生久视。”

道教奉《道德经》为圣典,坚信一切修道增寿、出凡入圣的理论与方法,都在其中。仙经不必外求,假于内修,遣欲澄心,心安无为,神即无扰,常清常静,与真道会,这就是所谓的得道。道教将道家哲理与人的心性修养结合起来,以哲理启迪、指引修持。

(三)道教文化与中国传统建筑的融合

1. 道法自然的环境选址

道教多于崇山峻岭、人迹罕至处依照地势营建宫观,道场与自然环境相结合,成为和谐统一的有机整体。营造构件中深刻体现出这种建筑与环境融合的关系。如武当山道教建筑群、四川青城山、重庆老君洞等。重庆南山老君洞道教建筑群体充分利用了峰峦的参差嵯峨和崖洞的奇峭幽邃,将每栋建筑都建造在峰峦岩洞间的合适位置,使它们与周围林木、岩石和谐一体,宛如一幅天然图画。

2. 道教建筑的艺术特征

(1)严谨随适的群体布局。道教建筑的群体布局方式主要有两种：一种是道教建筑的主要宫观依附于中轴线，在主要的轴线上形成依次递进的建筑空间序列，体现出其理性而严谨的空间组织。附属建筑分列两侧，由低平的建筑个体构成秩序井然的建筑组团。其群体布局中以明确的轴线关系组织建筑个体，以院落单元构成整体安静理性的平面布局。另一种是按照五行八卦方位确定主要建筑位置，然后再围绕八卦方位放射展开的具有神秘色彩的宗教空间。

(2)以高耸楼阁为主体的建筑布局。追求修炼身心、得道成仙是道众们信奉道教的一个重要宗教诉求。传说中仙人喜欢居在清山高楼上，因此高耸的楼阁往往成为道教建筑艺术中一个明显的特征，是纵向空间的一个重要组成。在众多现存的道教建筑中，楼阁式建筑往往成为整个道观建筑的主体部分。许多建设在山林中的道教建筑群体往往利用山势布局，在地势高处兴建楼阁。高耸的楼阁与周围普通建筑形成强烈的对比，突出了宫殿的壮观宏伟，进而鲜明地统领了建筑群的整体布局，加强了其宗教崇拜的感知力。

(3)平面建筑形制。《营造法式》中明确指出殿堂建筑有两种结构形式，分别是殿堂型和厅堂型，殿堂结构主要用于殿屋，其柱子和屋架通过铺作层斗拱衔接，柱网层清晰；厅堂型内柱上升，采用梁架分缝做法。各缝梁架椽长、椽数、步架相等，内柱位置、数量等可适应做减柱、移柱等灵活的柱网布置。上述的平面柱网形式普遍运用在道教建筑中，形成了成熟的官式道教建筑平面。在后期发展过程中，巴渝地区根据自身特点，采用了不同的建筑平面形制，并结合道教祀神空间等需要进行减柱、移柱，形成了独具特色、灵活多变的平面格局。

(4)构造技术。传统的道教建筑以木材为主要建筑原料，以传统的木构架形式支撑建筑结构。木构架用木立柱、木横梁等构成建筑骨架，建筑的重量通过横梁集中到立柱上，墙只起隔断作用。斗拱在立柱顶、额枋和檐檩间或构架间，用以承托梁头、飞檐的重量，是建筑物的柱与屋顶之间过渡的地方。除了连接作用外层层出挑的斗拱还具有一定的装饰功能，屋顶中直线与曲线巧妙结合与建筑构件一起构成了优美严谨的建筑立面。

（四）重庆道教建筑思想内涵的体现

1. 道家“法自然”文化

建筑的发展与自然环境有着密不可分的关系，同样的建筑因平原、山地或是丘陵等不同的地形而各有不同。自然环境尽管会影响建筑的发展，但是建筑也会适应自然环境，随着地理位置、建筑时间、建筑材料的不同而出现与之相应的建筑文化。重庆道教古建筑就是极具代表性的古建筑之一，它与自然环境相互协调融合，在自然与环境的搭配上做到了“天人合一”，体现了道家学派的“法自然”学说精神，完美呈现了人与环境的依存关系。重庆是道家学派的发源地，我们可以看出道教对当地建筑的影响，这一特征暗合了中国的建筑传统。

2. 道教建筑格外注重环境绿化和园林化

大多数的寺庙宫观建筑，都侧重环境的自然化，人工环境与周围的自然环境相结合。由于精心地维护，许多古建群内的绿化率都很高，朗朗的殿堂，参天的松柏，为庭院增加了神秘色彩。道观外竹林相接山林，绿荫环绕，形成了独特的建筑文化。围墙常常借用自然山体，山上的庙宇通常以天然山门作为牌楼。庙宇空间绵延于山体之间，体现着十足的韵味。山林中坐落着的建筑群体与大山的自然环境融为一体，共同组成了整个山体森林的大环境。在这种思想的影响下，城镇里的庙宇园林和文人园林在布局方面也做了大胆改进，山林野趣成为一道景观。围墙不再是庙宇园林的分化带，它与城镇环境的自然环境以及人工绿化相结合，形成自然的围墙。另外，重庆的道教建筑文化还体现在广大的城乡民居方面，他们的住房非常注重人居环境的绿化，这种建设风格形成著名的“林盘文化”，在川东巴渝山地，与周围的梯田层层呼应，形成了独具特色的“梯田文化”。建筑物与山川自然环境的有机融合，形成了生动的田园生活场景图画，真正体现了“天人合一”的画面。

3. 重庆建筑的另外一个显著特色是讲风水，注重相地

中国传统风水术同时也被称为“山水之术”，看似迷信，但是它却是环境生态美学的体现。这是古人传承下来的一种择居环境观，仁山、智水、美人是它所追求的住居境景。这种观念在重庆建筑文化中渗透较深。“房盖弯，坟造尖”这是中国房屋建筑学中非常流行的谚语，人们普遍认为山弯避风处是建造住房的首选地方，而丘岗避湿处最好作为坟地。所以，人们在建房之前，环境要作为考虑的首要条件。风水学说渗透于重庆地区的整个建筑文化，来自生活实践的建筑风水文化有很多，包括“背负龙脉镇山为屏，左右沙山秀色可餐，天心十道穴位均衡”“正面临水环抱多情，前有朝案呼应相随，南向而立富贵大吉”。虽然屡经风雨洗礼，但是在重庆还有好多这种风水模式的典型例证，以古城大足为例，天心十道位于城中，它的北面是龙岗山白塔和佛教石刻，南山道教石刻主峰正处于它的南方，这种格局完全传承中国传统文化典型的空间图解模式，其风水环境为儒、佛、道三教同轴的风水大环境。纵观重庆古建筑，都或多或少的与周围山水的环境相关。其设计原则多遵循“在典型环境中创造典型性格”的理论。从这个层面上来说，人工环境自然化结合自然环境人工化的风水环境观，才是“法自然”原则的最高层次的体现。

三、祖庙会馆建筑艺术内涵

(一)祖庙会馆起源时代背景

祠堂是汉族人祭祀祖先或先贤的场所,祠堂有以下几种功用:一是作“崇宗祀祖”之用。二是在子孙办理婚、丧、寿、喜等事或者商议族内的重要事务时,利用这些宽广的祠堂作为活动场所和聚会场所,祠堂也可以作为家族的社交场所,有的宗祠附设学校,族人子弟就在这里上学。三是封建道德的法庭,也是族长行使族权的地方。正因为这样,祠堂建筑一般都比民宅规模大、质量好,有权势和财势的家族的祠堂往往更讲究。

(二)祖庙会馆与中国传统建筑的融合共思想内涵的体现

1. 文庙

元明清时期文庙祭祀属于国家祀典内容之一,文庙和府(州)学、县学联为一体。文庙的布局均以曲阜孔庙的格局为标准,是巴渝祠庙建筑中一个独特系统。

文庙多数坐北朝南,其平面布局严格按照中轴线左右对称布置。文庙主体建筑布置在中轴线上,从前往后依次是照壁、庙前广场,棂星门前或棂星门内设半圆形水池,称为“泮池”;棂星门之后为大成门,大成门之后为大成殿和两庑。大成殿是文庙的主体建筑,是祭孔的主殿,常用五间或七间等级最高的建筑形制重檐庑殿建筑。殿前设拜台,殿后设崇圣祠,规模稍大的文庙在大成门之后两侧设礼乐亭、钟鼓楼或碑亭。有些文庙还在泮池与大成门之间的两侧建有乡贤祠和名宦祠,以歌颂当地乡贤和名宦的功德与业绩。

巴渝地区的文庙建筑虽然竭力遵从官方对建筑群整体规模、建筑大小等方面的制度要求，但在与环境的结合，建筑形制的处理方面仍凸显了巴渝建筑的地方特性。有些文庙建筑受地形地势的限制，有的朝向并非坐北朝南，而是坐东朝西。

巴渝地区文庙的布局模式主要有两种：其一是平地布局，从宫墙到大成殿，通过加高建筑台基来凸显主体建筑的地位，巴渝地区无实物遗存。其二是依山就势而建，多沿山势由下而上逐级布置，这种文庙布局多见于山地丘陵地区，如璧山文庙。

巴渝地区文庙大成门的建筑形制多为门庑式，明间采用中柱，中柱间安置木门板。大成门屋顶多为歇山式，平时侧门开启，正门只有在重大祭祀活动时才开启。大成殿等级最高，殿前设拜台，拜台台基一般为青石砌筑。为了突出大成殿的建筑体量，提升建筑高度。巴渝地区的大成殿多采用穿斗与抬梁相结合的梁架形式。“巴渝地区大成殿的屋顶多为单檐或重檐的歇山顶，一般都带回廊，廊为双步。”[11]

2. 宗祠

(1)宗祠的形成。明清时期巴渝地区外省人口大量涌入，为了凝聚家族力量，提升本族地位，巴渝移民以同姓本宗族为单位修订族谱、建立宗祠。宗祠是巴渝移民的生存竞争加剧、宗法礼制逐渐强化的产物，也是宗法观念、祖先崇拜等传统思想的集中体现。祠堂建筑空间注重精神宗族意识的强化，具有强烈的威严和凝重感。其“主要目的是敬宗联族，维护宗法社会的统治，其次，它通常也是合族宴饮、正俗敦化、排难解纷、执行家法族规的公庭”。[12]

(2)宗祠建筑的特点。由于功能的多样性、分布地区的广泛性以及与民间建筑联系的密切性，使得祠堂建筑与官式祭祀建筑有很大的差异。祠堂融合了许多活泼精巧的民间建筑风格，具有浓厚的生活气息和鲜明的地方气息。宗祠一般设有广阔的厅堂和庭院以便全族人进行活动，祠堂既是祭祖之处，也是宗族成员社会交往的场所。每逢节日活动或者婚丧聚会、酬神唱戏、族内议事等都会在祠堂内举行。祠堂作为一个公共建筑，往往加设戏台和廊厅来满足使用，以备节日设桌饮宴、设凳观戏。为了适应各种宗祠活动的需要，打造一个庄重而又舒适的场所，祠堂往往设有：享堂、正厅、戏楼和厢房。享堂是祭拜祖先的地方；正厅是议事和观戏的地方；戏楼为演戏娱乐的地方；厢房的用途比较广泛，有观戏、住宿、陈列、仓储等作用。戏楼与正厅之间的院落是家族成员聚会、议事交往，观戏娱乐的重要场所。根据家族大小及财力的不同，宗祠有一进院落式的，如酉阳陈氏宗祠；也有多重院落式的，如渝北区龙兴古镇的华夏祠堂。祠堂在山区随地形建设，有的形成了不对称的多重院式的院落。

(3)宗祠建筑实例。巴渝地区现存富有特色的宗祠有酉阳的陈氏宗祠以及云阳的彭氏宗祠，其中彭氏宗祠以其防御性城堡式造型显得极为特殊，是巴渝地区罕见的宗祠建筑类型。彭氏宗祠位于云阳县江南岸的里市乡，始建于1844年，历时20年完工。彭氏宗祠建筑于三面陡坡的山顶上，占地面积约3 500平方米，为封闭式四合院的布局。整个建筑为条石包砌夯土的外墙，厚约2米，内部为木结构承重，院落中央建有九层高的碉楼。建筑除是家祠外也是私塾，有匪患时则是军事堡垒。彭家宗祠平面规模不大，以戏楼、碉楼、享殿三个空间作为组织整个建筑的中轴线，内部空间基本对称。顶层设有环形廊道，用来防御。碉楼是彭家宗祠核心建筑，碉楼底部六层为石头楼基，顶部三层是三重檐的四角攒尖顶。

3. 会馆

元末明初、明末清初的两次“湖广填四川”移民运动，给巴渝地区带来了大量外省移民，置身于陌生的自然、社会和文化环境中的移民，“由于语言、习俗等差异，刚到一个陌生之地的移民群体与土著及其他移民间存在较大的隔阂，缺乏共同的信任感，使得各省和各地区间的移民内部需要有一种内聚的集体组织,互相帮助,共同抵御外来势力。而对乡土的眷念和共同本土信仰的因素,使这种组织以会馆及相应的庙会形式出现。”[13]会馆出现后,很快便成为明清时期异乡人在客居地的一种特殊的社会组织和活动场所,同时也成为一种共同精神依托。

康乾时期巴渝会馆盛行,可谓“城城必有,且每县(镇)不止一座”,有“繁不胜举”之称。川东的重庆等地是长江水系上最主要的交通枢纽,商业发达,同时也是江西和湖广移民入川的必经之地,造成了今天重庆地区会馆繁多的盛况。

(1)会馆的空间特征。巴渝会馆建筑是明清时期才大量出现的建筑类型,其形制脱胎于祠堂和家庙建筑,会馆建筑从平面形式到建筑内容基本都是家庙与祠堂的扩大和在不同背景下的重组。会馆的功能性质是影响会馆空间布局的最主要的因素,会馆一般都有祭祀、聚会、娱乐和议事、暂住的功能。建筑构成主要有乡贤祠、戏台和大厅、厢房及议事厅,分别起到增进乡谊的功能、维系感情的聚会娱乐功能、暂住的功能。巴渝会馆建筑在中轴线上有着比较固定的空间序列,分别为:戏楼、看台、正殿。戏台底层架空,与主入口合为一体,正厅位于戏楼与正殿之间,将建筑分隔为前后两进院落,正厅也作为看台供观戏用。在大型会馆建筑中,正殿和戏楼的两侧还会分置“钟、鼓”二楼阁(如重庆湖广会馆),用走马廊与正殿相连。戏楼和正殿作为会馆的两个中心建筑分别前后布置,形成了以戏楼为中心的娱乐性公共空间和后面以正殿为中心祭祀乡贤的私密空间,体现了会馆建筑“酬神”与“娱人”并存的功能特性。[14]两个院落分别作为“娱人”和“酬神”的场所,是巴渝会馆中最为常见的布局模式。一前一后,相得益彰,形成了会馆建筑空间布局最显著的特点。戏台前广场的公共空间普通人皆可进入,而且通常具备多种功能,除了观戏、迎神、联谊等公共活动之外,有时候还作为行业贸易的交易市场,容纳商业活动。会馆的后半区一般仅供同行和同乡中的上层人物进入，议事祭神相对比较封闭。在只有一进院落的规模较小的会馆中，娱乐性的戏台往往和祭神场所合为一体，没有较为明确的划分。在更大规模的会馆中，为了满足议事和居住的私密性，会专门为议事厅设置一进院落，形成多跨院落的格局。

(2)会馆的类型。会馆建筑如果以形成原因和使用功能分类的话可以分为“同乡会馆”和“行业会馆”两类。有时这两者又是结合起来的，很多会馆既是行业会馆又是同乡会馆。

蓝勇在他的《西南历史文化地理》一书中提到同乡会馆的主要职能是“联络乡谊，相顾而相恤”，包括维护同乡利益，调解同乡经济和家庭纠纷，参与各种社会事务，同时也是移民祭祀乡土神灵、乡贤，从事娱乐活动的场所。由于各地移民的信仰不同、移民来源地各异，使得清代巴渝地区同乡会馆的名称繁多。

今天重庆人所习称的“湖广会馆”实际上是指坐落在长江和嘉陵江交汇的半岛上，东水门古城墙之内以湖广会馆为代表的明清古会馆群的总称。历史上称八省会馆。[15]现存实物包括湖广会馆、广东公所、齐安公所和江南公所。整个建筑群坐落在长江北岸约三十度的坡地上，场地内部采用分层筑台的方式，建筑按地形高差层层布置，自然而然地形成了楼宇层叠的群体风貌。此外，建筑形态有机依附于环境形态，并强化地形特征，使整个建筑群体呈现出高低起伏的城市天际轮廓线，进一步突现了建筑群体的山地风貌。[16]重庆湖广会馆现存部分由戏台、看厅、东西厢廊组成，中间为院落。戏台为单檐歇山顶建筑，屋面饰以黄绿琉璃瓦、脊兽、嵌瓷。会馆的主要入口上有一戏台呈倒座状面向中央院落，两厢的回廊起到观戏、连接的作用。看厅为五开间歇山顶建筑，厅内的梁、枋及斜撑等构件上的木浮雕、透雕具有很高的艺术价值。

因为地形的限制以及功能的需要，湖广会馆屋顶出现了抱厅、勾连等处理方式，丰富了空间层次。移民运动带来了多种多样的封火山墙："水"形山墙、"金"形山墙、"龙"形山墙、"五花"山墙（马头墙），丰富了建筑造型，使得建筑群在形式上形成了统一的风格。各地移民在向巴渝地区迁徙的过程中，把本地的建筑形式带入巴渝，会馆建筑是最直接的载体。

随着经济的发展和商业人口比重的增加，同乡会馆渐渐不能满足商品贸易的需求，于是"行业会馆"应运而生。"行业会馆"是行业从业者之间为沟通买卖、联络感情、处理商业事务、保障共同利益而设立的，起着规范商业行为的作用。"行业会馆"与"同乡会馆"有着不同的崇拜对象，通常选择历史上同行业或相关联的名人作为行业神，如屠宰业会馆中通常内供"张飞"，称为张爷庙或桓侯庙。船帮会馆中则为王爷庙，内供"镇江王爷"等。清前期同乡会馆居多，巴渝各地区的同乡会馆基本是清代中前期移民所建。"后期由于移民入川已久，'地缘'观念渐弱而'业缘'观念渐兴，会馆性质也渐由移民（同乡）会馆转至行业会馆"[17]，成为行业帮会结社的场所和商业文化活动汇聚之场馆。

重庆住宅受各地移民建筑文化的影响，建筑形式呈现出明显的南方特征。在住宅建筑上显出了明显的巴渝特色，在结构上以南方的穿斗构架为主，在建筑形制上出现了大量带有明显南方风格的庭院式住宅。这些庭院式的住宅建筑和巴渝原有的干栏式山地吊脚楼一起构成了巴渝新的地域建筑形象。"川中清代住宅的制度受陕西、华南的影响很大，各省移民全有他自己的风俗习惯，也许不会受四川多大的影响。但是今天从住宅上看，他们的制度已经融入一炉，全是大同小异，可见环境影响于建筑是如何重大。"[18]

四、基督教教堂建筑思想内涵

巴渝地区具有悠久历史的基督教教堂遗存较少，故本文只简述其宗教文化对建筑的影响，以供读者了解。

教堂建筑是基督教文化与欧洲建筑风格互相影响的结果，教堂建筑的构建中隐含着宗教精神，昭示着基督教文化的内涵。教堂建筑风格主要有罗马式、拜占庭式和哥特式三种。罗马式教堂是仿照古罗马早期基督教“巴西利卡”教堂的建筑形式，在长方形的大厅内立有两排柱子，分隔出中厅、侧廊。大厅西端有半圆形拱顶和圣坛，圣坛代表耶稣被钉十字架的骷髅地的山丘，在祭坛前做拉丁十字架，加强了宗教意义。拜占庭式建筑在方形平面上覆盖穹顶，并把重量落在四个独立的支柱上，其堂基与罗马式的一样呈长方形。东正教教堂将堂基由长方形改为正方形，东欧的教堂突出穹顶，提高鼓座，使穹顶更加饱满。哥特式建筑教堂的平面基本为拉丁十字形，但其西端门的两侧增加一对高塔。在设计中利用十字拱、飞券、修长的立柱以及新的框架结构，使整个建筑雄伟开阔。再结合镶着彩色玻璃的长窗，使教堂内产生一种浓厚的宗教气氛。当时教堂已不再是纯属宗教性建筑物，它已成为城市公共生活的中心，哥特式教堂的出现，使基督教的深层文化内涵得到了完美的诠释，宗教文化与建筑完美和谐地融合在一起。

教堂建筑中基督教思想内涵的体现主要有三点：

1. 对太阳的崇拜和对光的追求

基督教接受了古代民族太阳崇拜的习俗，将教堂布局改为坐东朝西，祭坛设在建筑物的东端。在基督教的新约圣经中，基督耶稣被直接喻为照亮人世的光。最初的教堂内部阴暗狭小，缺少光线给人一种肃穆、压迫和神秘的宗教气氛，哥特式建筑对光的追求体现在窗户尺寸和色彩斑斓的彩色玻璃窗画上。

2. 基督教的垂直宇宙观的影响

早期的基督教思想中就包含了基督高高在上的观念。在《旧约·创世纪》中上帝与人类曾立下彩虹之约，雅各梦中见一个梯子，立在地上，梯子的头顶着天，有神的使者从梯子上去下来，耶和华站在梯上。基督教以天梯的形式将这种垂直系列具体化，垂直的宇宙观促使教堂从低矮向高耸发展。哥特式教堂高耸的尖塔、腾空的飞扶壁、山花与侧檐的无数塑像与小尖塔，尖拱券与侧壁窗框以及附在建筑外壁上的人物雕像，使信徒感受到一种向上的力。

3. 追求永恒的思想对教堂建筑的影响

基督教教堂多以石头作为主要的建筑材料，象征着永恒。石制教堂的修建，让人们感受到上帝的永恒生命，教堂也是神在地上的居所，是神圣而不可侵犯的。教堂不再仅仅是一个建筑，更是一件永恒的艺术品，创造这些教堂的是积年弥久的文化本身，是基督教思想中种种象征性的追求。

参考文献

[1]王红英，吴巍．鄂西土家族吊脚楼建筑艺术与聚落景观．天津：天津大学出版社，2013：7.

[2]戴志坚．传统建筑装饰解读．福州：福建科学技术出版社，2011：162.

[3]朱越利．福并康顺道教．上海：上海古籍出版社，1990：56.

[4]任继愈．中国道教史．上海：上海人民出版社，1990：579.

[5]莫代山．重庆古镇现存古建筑的功能分类与保护．重庆教育学院学报，2008(6)：108.

[6]赵新良．中华名祠·先祖崇拜的文化解读．沈阳：辽宁人民出

版社,2013:262-264.
[7]汤虎.灵居.重庆:重庆大学出版社,2013:4.
[8]赵赴初.佛教与中国文化的关系.中国宗教,1995(3)23-25.
[9]王荣才.选择与重构:佛教与中国传统文化融合的内在机制.江苏社会科学,1997(4):113-118.
[10]林向.四川名塔.成都:四川人民出版社,1986:44.
[11]张弘.巴蜀古建筑.成都:电子科技大学出版社,2014:180-183.
[12]潘谷西.中国古代建筑史.4卷.北京:中国建筑工业出版社,2001:153.
[13]蓝勇.西南历史文化地理.重庆:西南师范大学出版社,1997:507.
[14]陈蔚,胡斌.赏析巴渝会馆建筑.四川建筑,2004(3):23-25.
[15]郭璇.移民社会的缩影——重庆湖广会馆文化内涵三题.华中建筑,2002(1):71-74.
[16]刘小燕.丧葬仪式的尊敬与恐惧——基于鄂南T镇的田野研究.金田,2015(7):2.
[17]杨宇振.中国西南地域建筑文化的研究.重庆大学博士学位论文,2002.
[18]刘致平.中国居住简史.北京:中国建筑工业出版社,2000:256.

第四章　重庆古镇庙宇建筑特征

重庆古镇庙宇建筑不仅传承了中国古建筑的特点，还有着自身的区域特色。中国传统宗教在传教初期没有专门的建筑场所，其宗教活动场所多由住宅改建而成。中国建筑无论是单体建筑还是院落组合、园林布置、城市规则都有着一套完善的做法和制度，形成了固有的艺术风格与构造特征，是世界建筑史上不可或缺的一部分。可以说，从宏观到微观，从物质到精神，事无巨细无不渗透着中国传统建筑独有的个性。它体现了独一无二的“天人合一”的建筑思想。[1]

佛寺建筑的形式非常多，包括佛寺佛塔等，佛寺中的建筑主要采用中国传统建筑样式，与宫殿建筑相似。空间结构上采用中轴对称的形式，中间布置主要建筑，两侧布置次要建筑，建筑多以独幢的形式存在。由于地形的原因，重庆古镇中的佛寺建筑在采用中国传统建筑样式的基础上，还依山就势进行布局。清朝时期佛教受到统治者的支持，重庆古镇中以佛教寺院为主的宗教历史文化特点尤为突出。表现在山地建筑文化、民族特色建筑文化、建筑材料（竹、木、石）、建筑外观装饰、建筑选址和布局等多方面。宗教文化与本地区建筑文化持续相互影响，是我们认识研究古镇庙宇建筑的重要理论基础。

重庆地区宗庙、会馆建筑延续了中国传统建筑的模式，其建筑特征是中国传统建筑、移民建筑和川东民居的缩影。建筑功能上以实用为主，空间布局上各空间相互渗透、融为一体；外部特点体现在屋顶、斗拱、山墙上，整体建筑风格恢宏大气，粗犷中别见精致，木石砖雕细腻生动，体现了劳动人民的智慧。内部装饰上窗、栏杆、雕饰精巧细致，体现了劳动人民对艺术的热爱和对美的追求。

明清时期重庆地区经过长期的建筑实践，积累了丰富的建造经验，在特定的自然环境和人文环境中，重庆人民尊重自然、适应环境，采用因地制宜的营造技术，修建了特征鲜明的各式建筑。概括地说，重庆地区的地方营造技术有以下几个特点：

第一，建筑风格与地形、地势相结合。重庆地区地形复杂多样，穿斗构架充分发挥了其灵活多变、适应性强的特点，巧妙地利用台、挑、吊、靠、跌、爬等重庆地区特有的山地营造手法，使建筑能更好地适应环境。

第二，建筑风格与重庆气候相适应。重庆地区夏季炎热多雨，穿斗构件利用特有的挑枋形成了能遮阳避雨的大挑檐，独特的冷摊瓦、夹壁墙构成了透气性强的外围结构，充分显示了重庆建筑对气候的适应性。

第三，就地取材。重庆地区自然资源丰富，传统建筑综合运用不同材料的特性，充分发挥各种材料的优势，因不同的功能需求，在不同的建筑部位，使用不同的建筑材料构筑，达到了就地取材，因材设计的目的。

第一节　外部结构特征

重庆地区庙宇建筑结构类型多种多样，主要以木结构为主，涵盖了柱、斗拱、台基、门窗等各种结构类型。其结构组成部分，如屋面、屋顶、墙、门窗等装饰构件以及雕刻、嵌瓷技术等都具有重庆地方特色，门、闩、棂格、鸱尾等建筑细部也广泛应用。

春秋时期木构结构梁柱系统初步完备并广泛采用，到汉代基本成熟。木构结构可分成抬梁式、穿斗式、井干式三种，其中以抬梁式最为普遍。抬梁式结构是在柱础上立柱，柱上架梁，梁上重叠瓜柱和梁，在最上层梁上立脊瓜柱，组成一组屋架。平行的两组屋架用枋连接，在各层梁头与脊瓜柱上安置檩，以联系构架与承载屋面。檩间架椽子，构成屋顶的骨架。穿斗式是用枋把柱子串起来，形成房架，檩条直接搁置在柱头，再沿檩条用斗枋把柱子串联起来形成屋架。穿斗架用柱直接承檩，不用梁，柱间穿枋仅是联系构件。在所有的建筑结构构件中，对后世影响最大的就是斗拱，斗拱的形制丰富多样，奠定了中国古建筑的基本单元。

秦汉时期重庆地区的木构建筑结构体系及装饰等各个方面已经十分成熟，并成为后世建筑发展的基础。与之相对照，明清时期重庆地区庙宇建筑中的布局、用料与之差异不大。利用木构架的组合和构件的形状及材料本身的质感进行艺术加工，达到建筑的功能、结构和艺术的统一，是中国古代建筑的卓越成就。

下面我们从古镇庙宇建筑空间，重庆古镇庙宇建筑大木作的演变，重庆古镇庙宇中的石刻、造像艺术的发展这三个方面来解析重庆古镇庙宇建筑的外部结构特征。

一、重庆古镇庙宇建筑空间特征

（一）整体布局

从出土的画像砖中可以得知，秦汉时期重庆地区的建筑形式种类繁多，其空间组合形式也多种多样。包括独栋建筑、院落式建筑组合，独栋房屋平面多呈长方形，或平直、或呈曲尺、或呈三合院等形式，多以院墙与建筑共同合围出院落。院落式建筑的空间组合形式比较多样，院落组合中出现了将院落空间按照不同功能划分的情况。前院由门楼、倒座房组成，起到分隔院外空间和内院空间的作用。侧院为厨灶房、杂物所用。后院一般立有厅堂，为会客所用。围合成的后院作为封闭的内向型院落空间，保证了房屋的通风、采光，为各种室外活动提供了空间，并且保证了居住者的隐私。这一时期的院落中开始出现回廊，各个院落中的房舍均以回廊围合连接。回廊使得建筑群体中房屋之间的联系更为便利，方便了居民的生活。在分隔院落的同时，使院落具有通透性，增大了空间进深感。汉代重庆地区的建筑中出现了楼屋，这在建筑结构上具有重要意义。楼屋的出现，使建筑群中出现了制高点，丰富了建筑的立面形式，打破了传统建筑群整体低矮，建筑轮廓线呆板的局面。同时，楼屋占据的制高点，具有瞭望功能。在院落围合具有内向封闭性的同时，也具有了一定的外向性和视线的通达性。

夯土技术是将泥土压实，作为中国古代建筑的一种材料的技术。用作房屋建筑有结实、密度大且缝隙较少的优点。对城市布局、建筑布局和建筑的发展产生了重要影响。夯土技术在我国很早就开始使用，在秦汉时期已经相对发展成熟。秦入巴渝后大批兴建城市，使用夯土技术修建了重庆城墙，摆脱了以地形地势、山川河流作为城邑防御的局面，城市从而有了自己的防御体系。在汉代，巴渝地区的城市中出现了市井，重庆的城市规划逐步定型，后世多沿用秦汉时期城市的布局模式。夯土技术也带动了墓葬形式的多样化，巴渝地区出现了崖墓、砖墓等多种墓葬形式。同时，夯土技术使得建筑的基础土质更为致密，基础更为牢固。

（二）地基

地基是指建筑物下面支承基础的土体或岩体，有天然地基和人工地基（复合地基）两类。天然地基是不需要人工加固的天然土层，人工地基需要进行加固处理，常见方法有石屑垫层、砂垫层、混合灰土回填再夯实等。在建筑学中地基的作用是十分重要的，地基不牢固可能造成建筑物倒塌、倾斜、沉降等危害，地基处理的主要目的是采用各种地基处理方法以改善地基条件。

古代建筑地基，也称基座和台基，系高出地面的建筑物底座。

用以承托建筑物，起到防潮、防腐的作用，同时可弥补中国古建筑单体建筑不甚高大雄伟的欠缺。地基种类大致有四种：

（1）普通台基，用黄土或灰土或碎砖三合土夯筑而成，约高一尺，常用于小式建筑。

（2）较高级台基，较普通台基高，常在台基上边建汉白玉栏杆，用于大式建筑或宫殿建筑中的次要建筑。

（3）更高级台基，即须弥座，又名金刚座。“须弥”是古印度神话中的宇宙间最高的山，须弥座用作佛像或神龛的台基，用以显示佛的崇高伟大。中国古建筑采用的须弥座一般用砖或石砌成，上有凹凸线脚和纹饰，台上建有汉白玉栏杆，常用于宫殿和著名寺院中的主要殿堂建筑。

（4）最高级台基，由若干须弥座相叠而成，从而使建筑物显得更为宏伟高大，常用于最高级建筑，如故宫三大殿和山东曲阜孔庙大成殿。

重庆古镇庙宇建筑一般采用较高级台基，台基一般为夯土筑台，外部以砖石包裹。楼面多以木板等铺设，一些则采用砖石铺地。如龚滩古镇川主庙地基。

（三）屋架

重庆古镇庙宇中的木结构构架主要有抬梁式和穿斗式两类，抬梁式又称叠梁式，是在立柱上架梁，梁上又抬梁。这种构架使用范围广，在我国北方地区广泛使用，尤其是在宫殿、庙宇、寺院等大型建筑中，这一结构室内少柱甚至无柱，梁架耗材多，是木构架建筑的代表。它与厅堂结构同属横向垂直的屋架，但厅堂结构由逐层抬高而减短的梁承受檩和屋顶的重量，故称抬梁式构架。抬梁式木构架可采用跨度较大的梁，以减少柱子的数量，取得室内较大的空间，适用于古代宫殿、庙宇等建筑，穿斗式木构架用料小，整体性强，但柱子排列密，适合室内空间尺度不大的建筑使用。因此，穿斗式构架在长江流域地区十分流行。

龚滩古镇川主庙地基

重庆古镇庙宇建筑主要采用穿斗式、抬梁式，以及穿斗与抬梁结合的方式。如宁厂古镇龙君庙是清代穿斗结构建筑，安居古镇的下紫云宫则是抬梁式的代表，安居古镇的妈祖庙就是抬梁式结构和穿斗式结构相结合的产物。

重庆庙宇古建筑作为中国古建筑的一部分采用大量木构架，体现出了木构架建筑的优越性和重庆建筑因地制宜的特征。木构架中承重结构与维护结构分开，建筑物的重量全由木构架承托，墙壁只起维护和分隔空间的作用。木材的可塑性既适应重庆的气候条件，又可随意调节房屋的高度、墙壁的厚薄。木材还可以和其他任何材料搭配，做出适合居住者适宜位置和大小的门窗。重庆多大型木材，便于就地取材和加工制作。由于木材的特有性质与构造节点有伸缩余地，即使墙倒而屋不塌，有利于减少自然灾害造成的损害。

（四）斗拱

斗拱是中国古代建筑独特的构件，具有承上启下，传递荷载的作用，有抗震、装饰、增大距离的作用。方形木块叫斗，弓形短木叫拱，斜置长木叫昂，纵横交错层叠，逐层向外挑出，形成上大下小的托座，总称斗拱。一般置于柱头和额枋（又称栏头，俗称看枋，位于两檐柱之间，用于承托斗拱）、屋面之间，用来支撑梁架、挑出屋檐，兼具装饰作用。斗拱的起源有三种说法。一种认为由井干结构的交叉出头处变化而成；一种认为由穿出柱外的挑梁变化而成；一种认为由擎檐柱演化为托挑梁的斜撑，再演化成斗拱。

斗拱的出现，成功地解决了剪应力对梁枋的破坏，使建筑更为牢固，同时增加了挑檐深度，使得建筑基础得到了保护。

早期斗拱在两千多年前的战国时代就已经出现，从出土的青铜器和墓阙、画像砖上都可以看到斗拱的形象。汉代斗拱已经发展成熟，其形式十分丰富，为唐宋时期斗拱发展到高峰奠定了基础。唐时斗拱从简单的垫托和挑檐构件发展成为柱网之上的一圈“井”字形复合梁。它主要起到向外挑檐、向内承托天花板的功能，能够保持木构架的整体性，是大型建筑不可或缺的部分。这一时期斗拱和梁架连接在一起，拱和枋交搭。宋以后木构架开间加大，柱身加高，木构架结点上所用的斗拱数量和形制逐渐减少。从宋《营造法式》中记载的各种殿堂构架来看，斗拱与梁架的结合仍非常相似。元明清时期，柱头间开始使用大、小额枋和随梁枋，构架整体性加强，斗拱的形体、间距都逐渐缩小，排列更为紧密，斗拱不再起维持构架整体性和增加出檐的作用，成为显示等级差别的装饰性饰物。清式建筑的梁直接压在斗拱最上一挑之上承挑檐桁。

重庆古镇庙宇建筑大多是明清时期修建、重建和翻修的，建筑中多用明清式斗拱，以装饰作用为主，体积也更小巧。如重庆磁器口的宝轮寺大雄宝殿斗拱。

重庆磁器口大雄宝殿斗拱图(1)

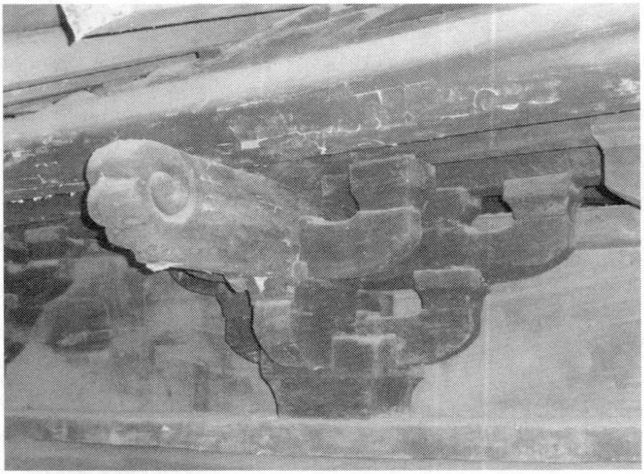

重庆磁器口大雄宝殿斗拱图(2)

(五)屋顶

中国古代建筑屋顶样式繁多,有庑殿顶(又叫四阿顶)、歇山顶、悬山顶、硬山顶、攒尖顶、盝顶、穹隆顶、圆券顶、卷棚顶等。其组合形式又分为：十字脊、丁字脊、重檐、勾连搭等多种形式。用于屋顶的材料有草、木、泥、瓦陶、琉璃、金属等材质。屋顶起初是用来遮雨和快速排泄屋顶的积水，后来逐渐成为等级的象征制度，其中以重檐庑殿顶级别最高，其次为重檐歇山顶、单檐庑殿、单檐歇山顶。

屋顶组成部分主要有屋檐、屋面、屋脊、装饰瑞兽等。基本做法是在屋架上顺搭檩木，在檩木上挂椽子，然后再在椽子上钉屋面，板上抹泥，在泥的表面铺瓦。屋顶的转角部分和折角部分叫作屋脊，屋脊用青瓦覆盖。屋檐一般有挑檐和防火檐两种，挑檐是将椽木的两端加长向外延伸而成，秦汉时期已大量采用，这种挑檐可以遮挡阳光、遮蔽风雨，还可以保护建筑台基不被雨水侵袭。防火檐是运用封檐的手法，用砖逐层向外砌垒与屋顶相结合，挑檐和防火檐的使用丰富了建筑的空间组合形式。下面将着重介绍庑殿顶、歇山顶、悬山顶、硬山顶四类屋顶。

1. 庑殿顶

国家文物局编写的《中国古代建筑》中写到庑殿顶四面斜坡，有一条正脊和四条斜脊，屋面稍有弧变，又称四阿顶。庑殿顶最早出现于先秦时期，在商代的甲骨文、周代铜器、汉画像石与冥器、北

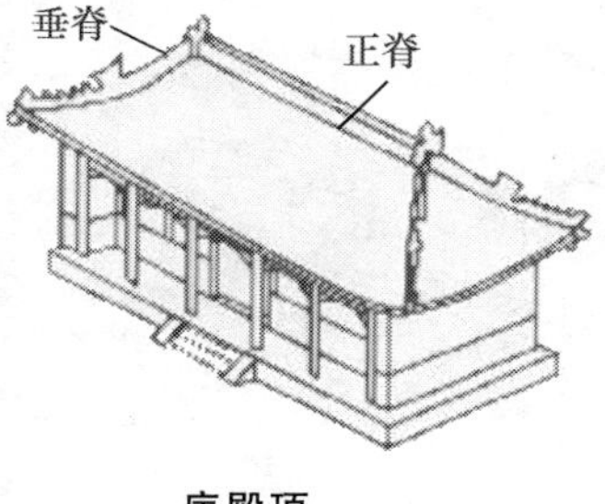

庑殿顶

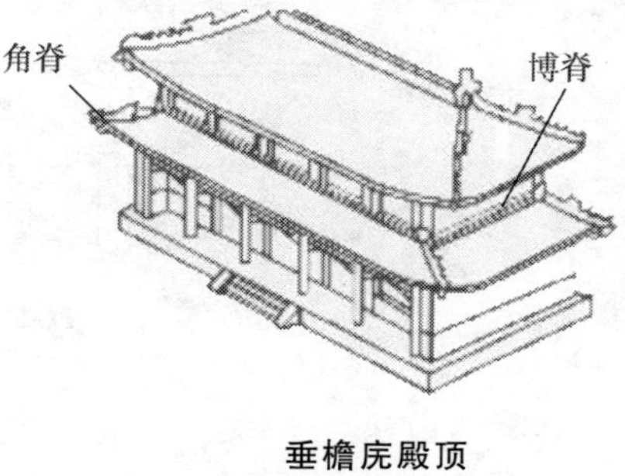

垂檐庑殿顶

朝石窟中都有反映。据《周礼·考工记》载:“商人四阿重屋”,四阿顶前后两坡相交处是正脊,左右两坡有四条垂脊,分别交于正脊的一端。庑殿顶分为单檐和重檐两种,重檐庑殿顶,是在庑殿顶之下,又有短檐,四角各有一条短垂脊,共九脊。重檐庑殿顶庄重雄伟,是古建筑屋顶的最高等级,多用于皇宫或寺观的主殿。单檐庑殿顶多用于礼仪盛典及宗教建筑的偏殿或门堂等处,以示庄严肃穆。

2. 歇山顶

歇山顶,又称九脊殿、曹殿或厦两头造,清朝改为九脊顶,在规格上仅次于庑殿顶。歇山顶分单檐和重檐两种,其样式最早可见于汉阙石刻。歇山顶有一条正脊、四条垂脊、四条戗脊。前后两坡为正坡,左右两坡为半坡,半坡以上的三角形区域为山花。重檐歇山顶等级仅次于重檐庑殿顶,多用于规格很高的殿堂中,如故宫的保和殿、太和门、天安门、钟楼、鼓楼等。一般的歇山顶应用非常广泛,但凡宫中其他诸建筑,以及祠庙坛社、寺观衙署等官家、公众殿堂等都用歇山屋顶。

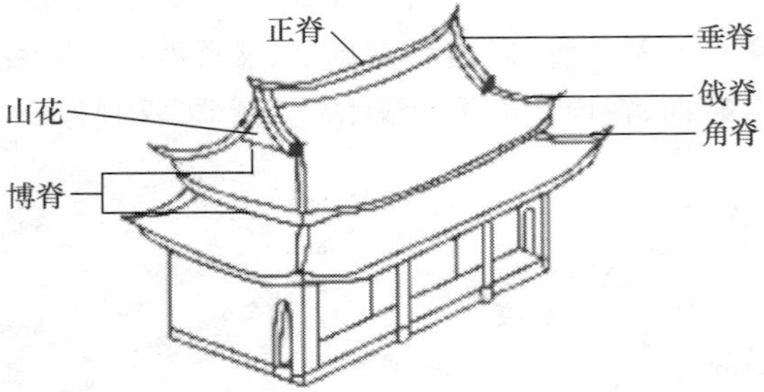

歇山顶

3. 悬山顶

悬山顶是我国一般古建筑屋顶中最常见的形式,一般有正脊和垂脊，在山顶的山尖部分常做成五花山墙，其因屋檐悬伸在山墙以外又被称为挑山或出山。悬山式屋顶仅见于民间的建筑。《清明上河图》中城门的门楼选用了四阿顶，高档的酒楼用歇山顶，一般的店肆和民居则选用悬山，是对古代屋顶使用情况的一个反映。

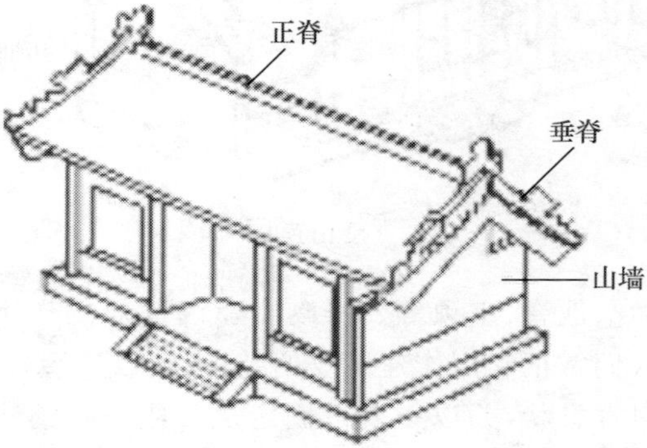

悬山顶

4. 硬山顶

屋面双坡，两侧山墙同屋面齐平，或略高于屋面。有五脊二坡，屋顶与山墙齐平。硬山顶在明清以后频繁出现在我国南北方住宅建筑中。因其等级低，只能使用青板瓦，不能使用筒瓦、琉璃瓦，多用于附属建筑及民间建筑。硬山防风火，悬山防雨，因此重庆地区多用悬山。

据笔者收集的资料来看，重庆古镇庙宇建筑中最常用的是歇山顶和悬山顶。采用歇山顶的有重庆磁器口宝轮寺大雄宝殿屋顶、罗汉寺大雄宝殿屋顶等，采用悬山顶的有涞滩二佛寺的屋顶、合川钓鱼城飞来寺屋顶等。

屋脊神兽是中国古代建筑屋顶上的重要组成部分，不光承载着人们祈祷祥瑞、趋吉避凶的希望，还有着建筑实用功能。包括：螭吻、望兽、合角兽、垂兽、戗兽、角兽、套兽、走兽、筒瓦、勾头、滴

硬山顶

水、正脊、垂脊、戗脊、宝顶等。螭吻有驱凶辟邪的作用，因其性情好望喜吞，人们常把它用作建筑物的装饰，尤以作屋脊镇火的兽头为多，做张口吞脊状，并以一剑以固定之。望兽是螭吻的变种，螭吻是吞脊兽，口向内，多安装在重要建筑上。望兽口往外，多安装与门楼、钟楼等之上，取瞭望之意；也安装在歇山顶的垂脊、戗脊上当作垂兽戗兽用。走兽和螭吻、望兽有个本质的区别，螭吻和望兽都是装饰物，而走兽是实用构件演变而来的。古代屋顶的垂脊和戗脊上是开口的，下雨会进雨水，于是用筒瓦盖住。为防止筒瓦下滑，于是在筒瓦中间钻了个眼儿，用铁钉固定住，再用个顶帽盖住钉子。比如角兽就用来当作铁钉的帽子，并起到装饰作用。唐宋时只有一枚兽头，以后逐渐增加了数目不等的蹲兽，到了清代形成了今天常见的“仙人骑凤”领头的小动物队列形态。在重庆古镇庙宇建筑屋脊广泛使用屋脊神兽，例如磁器口宝轮寺的大雄宝殿屋脊上就有神兽排列。

（六）墙体

早在秦汉时期，中国建筑的墙体构造形式就已经出现了：夯土墙、夹竹抹泥墙、木板墙、砖石墙等。夯土墙是比较常见的墙体构筑模式，墙体以夯土法构筑，多为版筑。这种做法常见于地下建筑

重庆磁器口宝轮寺大雄宝殿屋顶及屋脊神兽

及城墙构筑中。

重庆古镇庙宇建筑中主要有夹竹抹泥墙、木板墙等，夹竹抹泥墙又称编竹夹壁墙，其主要材料是竹子、草筋及黏土。墙体内部用竹条编织成竹壁，竹壁外两侧抹泥，形成竹骨泥墙。夹竹抹泥墙施工简易、经济，具有良好的透气效果，适于重庆这种温暖潮湿的地区。夹壁墙在清代时便广泛应用于巴渝的建筑中。但由于竹编夹壁墙不耐潮蚀，容易被雨水侵蚀，所以在墙裙等容易打湿的部位，通常会使用砖、石等耐潮的材料，因此竹编夹壁墙大都作为墙身，与其他材料的墙体共同配合使用。

木板墙，木板墙的做法大致与夹壁墙相同，其做法比较简单，施工速度也很快，但成本较高。木板墙由立枋与穿枋形成枋框，作为骨架；然后将加工好的木板镶嵌在方框内，有的会在木板相接处做榫口，使木板的连接更为紧密。为了保护木板不受侵蚀，通常在木板表面刮一层桐油。

重庆古镇建筑多采用厚度较薄的竹骨泥墙的原因有三：①当地气候闷热、潮湿；②重庆地区盛产竹子；③经济落后，竹骨泥墙造价便宜。竹骨泥墙的保护和隔断作用足以满足重庆居民的需要。在重庆古镇庙宇中采用竹骨泥墙的有龚滩古镇的三抚庙、走马古镇慈云寺等。

走马古镇慈云寺外剥落的墙体

二、重庆古镇庙宇建筑大木作的演变

（一）大木作结构构件的种类

木结构中的大木作是影响建筑外部结构特征的主要因素，大木作结构构件包括柱、额枋、梁、蜀柱、驼峰托脚、叉手、替木、椽和襻间、阳马、椽子、昂、爵头、拱、斗，其中昂、爵头、拱、斗四类属铺作构件。大木作是中国古代建筑的重要部分，也是木建筑比例尺度和形体外观的决定因素。

1. 柱

柱指的是直立承受上部重量的构件，一般分为直柱、棱柱，截面多为圆形，是一间房屋中最坚实的构件。房屋最外圈的柱子叫外檐柱，外檐柱以内的通称为屋内柱，转角处的柱子称为角柱。柱并不是完全直立，一般是向中心稍微倾斜。

2. 额枋

额枋包括栏额（大额枋）、由额（小额枋或由额垫板）、平板枋、屋内额、地伏、绰幕（后演化为雀替）等，是连接柱头或柱脚的水平构件，又称作挑。

3. 梁

梁是承受屋顶重量的水平构件，一般分作几道，上一梁较下一梁短，层层相叠，构成屋架。最下一梁置于柱头上或与铺作组合。梁按长短命名：长一椽的称搭牵（单步梁），长两椽的称乳伏（双步梁），长四椽的称四椽伏（五架梁），乃至长八椽的称八椽伏（九架梁）。最上一梁称平梁（三架梁），梁上立蜀柱（脊瓜柱）承脊椽（脊桁）。显露的或在天花以下的梁，称为明伏。明伏按外形分为直梁、月梁。直梁四面平直；月梁经过艺术加工，形弯如弓。在最下一梁之下安于两柱之间与梁平行的枋，称顺伏串。明清时又有紧贴梁下的枋，称随梁枋。

4. 蜀柱、驼峰托脚、叉手等

蜀柱、驼峰托脚、叉手等都是用在各架梁之间的构件。早期建筑中，梁上安矮柱、驼峰或敦添，上安斗、襻间，承托上一梁首，又在梁首斜安托脚，斜托上架椽(檩)。蜀柱、叉手安于平梁之上。明清官式建筑梁上均用短柱，按所在位置称上金瓜柱、下金瓜柱、脊瓜柱等。柱下各用角背，当庑殿推山加长脊椽时，在椽头下另加一道平梁，称太平梁，梁上所立的柱子称为雷公柱。

5. 替木

替木自唐代后逐渐废弃，指的是与椽、枋平行，用于两构件对接的接口之下的一种部件，其作用是增加连接的强度，并使跨距缩短。

6. 椽和襻间

椽是承载椽子并连接横向梁架的纵向构件，截面圆形的称椽(檩或桁)，矩形的称承椽枋。襻间用于椽下，是联系各梁架加强结构的整体性的构件。

7. 阳马

阳马又叫角梁，一般用于庑殿屋顶、歇山屋顶转角 45°线上，安在各架椽正侧两面交点上。最下用大角梁(老角梁)、子角梁承受翼角椽尾。

8. 椽子

椽子又叫飞子，截面圆形，首尾钉在上下两椽上。每一条水平长度即椽的间距，称为一椽或一架、一步架。飞檐，即在檐椽上钉截面矩形的飞子。

铺作构件包括方形斗、升和矩形的拱以及斜置的昂四种组成。上述，均为我国木结构建筑中的支撑构件，处在立柱和横梁的交接处。从柱顶探出的弓形肘叫拱，之间的方形垫木叫斗。斗拱承重结构，可使屋檐较大程度外伸，形式优美，构成我国传统建筑造型的一个主要特征。斗拱以各种斗和拱组成，就其组合形式可分为三大类，即“卷头造”“下昂造”“上昴造”。这三种斗拱每种又有“重造”与“单造”“偷心造”与“计心造”的差别。

铺作是由斗拱组成的构造单元，分为三种，立于柱头的称柱头铺作，立于两柱之间栏额或普拍方上的是补间铺作，立于转角处角柱上的叫转角铺作。铺作层最下面的大斗称为栌斗。

有华拱、泥道拱、瓜子、慢等，栌斗口内纵向伸出，出挑的称为华。栌斗口内横向伸出，与华相交的是泥道。瓜子是华(或昂)头上横出的(最外挑除外)，下是交互斗，两头坐散斗，上承慢。慢拱是施于泥道拱和瓜子拱之上的横向拱。各时代的斗拱见图。

几种不同时代的斗拱：唐、五代(上)，宋、辽(中)，金、元(下)

昂又叫柳，是木结构铺作中的纵向斜置构件，用杠杆原理挑出。柳是木结构古建筑铺作中最重要的构件之一，横向斜置的是斜，而被纵向斜置的就是柳（或柳型构件），铺作中的其他构件都是平正设置的。

爵头又叫耍头，位于昂之上，且与昂平行大小相近。木衬方头下所用出挑木料，称为耍头木，清式称蚂蚱头。

（二）重庆地区大木作技术的演变

迄今为止，我们对存续过的木结构形式未能全部了解，通过大量的史料研究我们可知井干式结构影响了后世木结构的发展，自西周开始沿用的栌斗作为结合柱、梁的构件，逐步发展成为栌斗上用、昂等组合成铺作的构造形式。从《考工记》中所载的“攻木之工七”，可知周代木工分工已经很细，木构架房屋建筑的设计、施工多以大木作为主。

虽然汉代巴渝地区的大木结构没有实物可循，但从画像石、画像砖、汉阙、明器等实物资料看，汉代的大木结构已经十分成熟[2]。现存的关于具体结构的最早形式的记录，是宋代《营造法式》中的三种结构，包括殿堂结构、厅堂结构、簇角梁结构。通过对巴渝地区的史料进行对比，我们发现唐宋时期的建筑与明清时期的建筑在外形、结构、风格上都有着重大的差别。明清时期大木构架技术的进步体现在整体结构性能、简化施工和斗拱装饰化三个方面。例如整体式框架取代了宋代常用的木构架相叠组成楼阁的方法；柱子之间增加了穿插枋、随梁枋；斗拱变小变密等。明代木构架普遍采用穿插枋，柱头科上的梁头直接承托挑檐檩，取代了宋、元时期的下昂，结构组合更加合理。

清代大式建筑继承了明代的木作技术，建筑构架出现了大式、小式之分。大式建筑等级较高，有的檐柱、内柱同高，上加主要起装饰作用的斗拱层承接梁架。其柱网变得更加规格化、程式化，斗拱退化为等级性的装饰构件。在重庆古镇中，庙宇大式建筑往往出现在靠水码头的古镇当中，这与经济和交通的发展是分不开的，便利的交通促进了经济的发展，繁荣的经济催生了宏伟的建筑。

（三）重庆古镇庙宇中的明清大式建筑

重庆古镇庙宇建筑，特别是佛教建筑大都采用悬山顶和歇山顶。本文将以重庆宝轮寺大雄宝殿为例对明代大式建筑的大木技术特征进行分析，重庆磁器口古镇宝轮寺大雄宝殿殿身主体结构为三开间，斗拱直接出穿枋以承托屋檐，山花板直接钉在前后金山柱、老金山柱及山柱上。这种做法构造关系清晰，结构简单不需收山，与重庆地区小式建筑常见的做法极为相似。

1. 平面构造

重庆宝轮寺大雄宝殿面阔三间 17.5 米、进深 13.9 米，平面比例 1∶1.260，基本符合《营造法式》规定的 1∶(1.275～1.5)的比例关系。此殿柱网依照梁架需要严格对缝，没有进行减柱或移柱。

2. 构架

重庆宝轮寺大雄宝殿主要为抬梁式构架，但还带有穿斗式构架的特点，这是明清时期巴渝地区建筑中常见的穿斗构架与抬梁构架相结合的样式，殿内由短柱承檩而非梁头承檩，构架上呈现联系构件较小、梁栿断面小的特点，与巴渝小式建筑中的“抬担式列子”类似。巴渝地区多为山墙面梁架使用穿斗式，明间梁架使用抬梁式，宝轮寺大雄宝殿穿斗与抬梁结构上下结合的方式在巴渝地区比较少见。

3. 斗拱

宝轮寺大雄宝殿内斗拱的形制并不复杂，补间为四铺作单抄计心造。铺作上用泥道和慢，上置素枋，最上层耍头上置散斗，承托撩檐枋，耍头端部作昂头状，柱头铺作外挑与补间铺作相似。因有北方工匠的参与，重庆宝轮寺大雄宝殿斗拱形制十分规整，呈现出北方官式做法的痕迹，同时也巧妙地结合了巴渝地区的做法，象鼻状的昂头与飞来殿的斗拱昂头相似。斗拱最外挑不施令也是巴渝地区明代建筑的一个比较显著的特征，这一点刘敦桢先生在《西南古建筑勘察》中有所论述，在本文列举的四座大殿中，也只有形制最为严整的报恩寺大雄宝殿斗拱的最上层使用了令。反映了一定的时代及地域特征。[3]

（四）重庆古镇庙宇中的明清大木小式建筑

大木小式建筑规模小，不用斗拱，用料也较节省，一般多是平民使用，在重庆古镇中的案例较多。明清时期重庆小式建筑采用穿斗式和抬梁穿斗结合的两种基本形式，纯粹的抬梁式木构架在重庆地区的小式建筑中几乎没有。

1. 构架

梁架结构常用的一般有两种，一种是穿斗式结构，一种是抬梁式结构。穿斗式结构的这种构架以柱直接承檩，没有梁，原作穿兜架，后简化为“穿逗架”。穿斗式构架用料较少，建造时先在地面上拼装成整体屋架，然后竖立起来，缺点是柱网太密。虽然柱网密，但密集的立柱也便于安装壁板和筑夹泥墙。所以在中国长江中下游各省中保留了大量穿斗式构架的民居。抬梁式结构这种构架的特点是在柱顶或柱网上的水平铺作层上，沿房屋进深方向架数层叠架的梁，梁逐层缩短，层间垫短柱或木块，最上层梁中间立小柱或三角撑，形成三角形屋架。它的优点是室内少柱甚至无柱，空间大，但缺点是耗材多。如果光用穿斗式结构，其布柱太密，根本无法满足较大空间功能需求的场所，也不适合承受多楼层的重量。只用抬梁式其经济成本也会更高，因此巴渝地区的工匠才吸收了抬梁与穿斗的优缺点，形成了混合式的构架，这种混合式构架被巴渝地区运用得淋漓尽致。

混合式构架是在房屋山墙面保留穿斗构架，在需要大空间跨度的明间采用抬梁构架的构架方式，也有的是同一排架混合了两种构架,排架中部使用抬梁式构架,两侧采用穿斗构架的方式。这一方式减少了落地木柱的数量,形成了大跨度空间,充分发挥了抬梁构架的优点,也保留了穿斗构架稳定、抗外力强的优点。

有的混合式构架中间的抬梁枋上直接承短柱,短柱上承檩,这种穿斗与抬梁结合的构架方式又称为“抬担式列子”。它不用中柱,常在相距五檩的前后金柱或檐柱上横以过担,用来承托上部的“檩挂枋欠”。[4]还有的在各枋之间用驼峰来承接,与“抬担式列子”有着明显的区别。

2. 屋顶

重庆大木小式建筑的歇山做法主要有以下几种:第一种情况最为常见,也比较简单,是不做收山,既在山面直接用挑檐枋挑出,托住从山面伸出的屋面,然后山面的屋面再与前后两个屋面相交,山面与前后两坡屋面的坡度通常是相同的。第二种情况也不做收山,在山墙面利用檐柱来承托山面的屋檐,这种做法山墙面出檐较大,一般在两个步架之上。第三种情况较为复杂,做法也比较考究,类似于抬梁结构的收山做法。在屋架横向的穿枋上放置太平梁,梁上搁瓜承托住两山面的檩条,山花自然向内收进。歇山的山面有博风板、悬鱼等,是装饰的重点所在,山花面与博风板有一定的距离,可形成阴影。[5]

3. 挑檐

重庆地区潮湿多雨,木构建筑的墙面又多用夹壁墙、土墙或木板壁,为保护房屋的外墙不被雨水溅湿,屋顶通常都有深远的出檐。抬梁构架当出檐较大时,需要采用繁杂的斗拱或大尺度的挑尖梁。穿斗构架则发展了一种悬臂构件来解决屋檐出挑的问题。就是以挑枋穿过檐柱,承托挑檐檩,挑枋后部插入内柱。这种挑檐做法,可以根据出檐的长短,做成单挑、双挑或三挑。还可以在挑枋下加斜撑以增加悬臂的承载力,还可以将后尾向内穿过两根柱子，做成“连二”的挑枋，以加大出挑的距离。[6]

重庆古镇庙宇小式建筑在古镇乡村之中非常常见，以道教和会馆建筑为主。如丰盛古镇的禹王宫就是以挑枋穿过檐柱，承托挑檐檩，挑枋后部插入内柱的实例。

三、重庆古镇庙宇中的石刻、造像艺术特征

佛教在传播过程中产生了大量可供人崇拜、供奉的宗教偶像，这些佛教宗教偶像的绘画和雕塑，都被认为是最符合仪轨的作品，且具有神奇的力量，因而成为中国佛教绘画和雕塑的样本。在临摹这些外来艺术品的过程中，中国造像艺人发挥主观能动性对其进行了再创作。这种地域性的变异首先出现在绘画中。于是按照中国人的审美观点，重新进行创作，从而形成中国式的佛画。《历代名画记》卷十中周昉所画“菩萨端严，妙创水月之体”，从而使佛画完全世俗化。重庆古镇庙宇中的石刻、造像艺术常见于寺庙、佛龛、摩崖石刻、佛塔当中。

（一）庙宇中的造像

宗教造像主要指基于宗教信仰而制作的崇拜对象，神像是神在人间的化身，人们为了祈福消灾，多有在寺庙或崖壁间镌石成佛像的行为，有的也以木头雕刻、金属铸造佛像。伊斯兰教禁止参拜偶像，这与伊斯兰教的宗教观和民族特性有关。

1. 石刻

石刻泛指镌刻有文字、图案的石制碑碣和摩崖石壁。宗教中佛教的石刻较多，多在悬崖峭壁上篆刻，也称为摩崖石刻。盛唐以后佛教日益世俗化，越来越多的信徒开始在天然崖面上造浅龛或者直接雕琢造像，称为摩崖石刻。摩崖造像日趋盛行并绵延繁荣至两宋。中唐时期，巴渝地区局面稳定、经济文化发展较快，来自

中原的先进文化进入重庆地区。加上巴渝地区多山石的自然环境，巴渝石窟的开窟地点和数量超过国内其他地区。这一时期摩崖石刻的繁盛促进了重庆古镇庙宇中石刻艺术的充分展现。如涞滩古镇二佛寺摩崖造像群，共有造像 42 组(龛)，包含了从释迦牟尼佛到罗汉比丘，从菩提达摩到禅宗六祖等佛教众神总数达 1 700 余尊，分别镌刻在下寺北、西、南三面岩石上，二佛寺摩崖造像群是中国石窟艺术群中不可多得的禅宗造像精华；又如合川钓鱼城的唐朝遗址千佛石窟，千佛崖石窟位于钓鱼城悬空卧佛以西约 30 米，距地表 0.7 米的崖壁上。窟中凿有结跏趺佛造像，分 37 行排列，由底行向上至 34 行，每行计佛像 76～79 尊不等，第 35 行以上逐行有所减少，共计有佛像 2 775 尊。千佛崖所刻佛像通高 12 厘米，肩宽 7 厘米，赤足坐立于莲台之上，垂目下视，两手交结腹前，居中有一尊结跏趺坐佛最大，通高 20 厘米，肩宽 12 厘米，背后有舟形光。石窟左右两侧，各有迦叶、阿难弟子像两尊，和供养人 6 尊。

二佛寺石刻

2. 佛窟龛

重庆地区石刻造像主要成像于唐代,窟龛沿江流两岸的山崖峭壁开凿,多数为扁方形平面,窟顶平,窟口开敞,外观呈现为方形摩崖大龛的形式。这种窟龛形式在巴渝摩崖石窟中普遍存在,应是这一地区流行的开窟做法,唐代窟龛内造像数量增多,往往雕琢包括菩萨、弟子天王诸像在内的整铺佛像。窟顶饰以莲花、飞天,以及卷草、流云等纹样,形式上受到中原唐代石窟的影响。这种利用龛内正侧三壁的围合空间来表现建筑群体布局的方式,较之壁画更为直观地表现了总体布局中各部分之间的关系以及建筑群的立体形象,起到了表法的作用。唐宋时巴渝地区也曾流行外设木构窟檐的做法,但仅存遗迹,未见实例。前后蜀时期的石刻艺术除以佛教为主以外,也不乏反映世俗生活的石刻。如合川钓鱼城就有北宋石曼卿“佛号”题刻、南宋王休“一卧千古”“山人足鱼”题刻等。

(二)佛教艺术的表现形式

佛教石刻和佛教绘画,都属于佛教艺术,其目的是通过感性的艺术形象来传播佛教,达到普法的目的。宗教通过这些艺术形象去打动人,使人皈依,从而达到传播宗教的目的。佛教雕塑有两种方法:一是直接临摹原作品,二是根据绘制的平面图进行制作。在这两种方法中,第二种方法在巴渝地区最为普遍。重庆地区的佛教造像,有三种表现手法,分别是:圆雕、浮雕和阴线刻。圆雕是雕刻出占据三维空间的立体造像;浮雕是在平面上雕出凸起的形象;阴线刻是在平面上刻出凹形线条,以线构图。三种造型手法中,浮雕最为普遍,阴线刻次之,圆雕最少,这些雕刻手法在重庆古镇庙宇文化中都有体现。例如涞滩古镇清代文昌宫就有明代石牌坊、清代舍利塔林、明清墓群和一些石刻题记等。

第二节　内部结构特征

一、重庆古镇庙宇小木作建筑构件特征

小木作是指中国古代传统建筑中非承重木构件的制作和安装。在宋《营造法式》中归入小木作制作的构件有门、窗、隔断、栏杆、外檐装饰及防护构件、地板、天花（顶棚）、楼梯、龛橱、篱墙、井亭等 42 种，在书中占六卷篇幅。清工部《工程做法》称小木作为装修作，并把面向室外的称为外檐装修，在室内的称为内檐装修，项目略有增减。

（一）门

古称双扇为门，单扇为户，后世统称为门。常用有棂星门、板门、软门、隔扇，此外，明清住宅、园林中还有推拉板门、栅栏门等。

棂星门是文庙中轴线上的牌楼式木质或石质建筑，古代传说棂星为天上文星，以此命名象征着孔子是天上星宿下凡，意指孔子可与施行教化、广育英才的天镇星相比。

木板门，顾名思义木板门是指一块整体，不透光的门。唐代之前中国建筑的门都是板门，到了宋代才大量使用格子门，改善了进光条件。

隔扇是由有直棂窗的板门发展而来的，用在外檐。清代有用在内檐的，称碧纱橱。每间可用四、六、八扇不等，每扇用边挺、抹头等枋木构成。门内分两格至五格的框子，一般为三格，上格最长，装透空槅心，中格最窄，装绦环板，下格装裙板。五格的在上下端各再加一绦环板。宋式称边挺为桯，抹头为子桯、腰串。三至五格的隔扇称四至六抹。隔扇透光部分的格心有单层、双层两种，上

糊纸、绢。《营造法式》中有四斜、四直毬文和四斜、四直方格眼四种窗格图案，现存的辽、金建筑中有很多美丽的窗格。明清喜用菱花格心，在住宅、园林中有万字、冰纹、步步锦等图案。明以后北方住宅明间多在中间两扇隔扇外加帘架和风门。格子门桯的线脚在《营造法式》中记有六种，明清建筑实物中所见更多。重庆古镇庙宇建筑中大量用到的就是隔扇，如磁器口大雄宝殿的门就是用的隔扇。

重庆磁器口古镇大雄宝殿的槅扇门

（二）窗

西周铜器上已有带十字格和斜方格的窗的形象，汉代陶楼和壁画中的窗外多有花格篦子，唐以后的窗主要有板棂窗、槛窗、菱格窗、支窗、横披五种。门窗格上一般糊纸、绢等材料来进行遮光，

重庆磁器口古镇大雄宝殿的窗

有的用油浸纸来增加通透度，清末开始用玻璃。古代门窗中多在一侧的上下做出转轴，上端插在连楹的孔内，下端插在门枕石的槽内。连楹是门额上的横木，上有木孔用来容纳转轴，宋代又将连楹称作鸡栖木。山门和隔扇的连楹不是整木而是近于梯形的木块，分钉在门额、门槛上，中有孔以纳转轴。这是中国古代门窗特有的做法。[7]

（三）栏杆

栏杆又称勾栏或钩栏，有单勾栏和重台勾栏两种。清代木栏杆多单勾栏，重台勾栏规格高。一般用在台阶、楼梯、望楼、阁楼等处。

单勾栏有上、中、下三根横木，上一根为扶手，称寻杖，中间加一立柱，立柱上下出卯，下卯立在下横木上，上卯穿透中、上二根横木把它们连接成一体。在下、中二横木间加花板或棂格，勾栏转角处加粗柱。单层花板的叫作单勾栏,有两层花板的称重台勾栏。

楼屋上的栏杆一般设在平座之上,平座下有腰檐、斗拱或柱。栏杆中间多由短柱支撑,有菱形格栅、直棂、卧棂等。卧棂、菱形等形式在四川出土的长屋画像砖中可见,其在当时的巴渝地区也较为常见。由栏杆等位置、结构可以看出,楼梯位置常见于望楼、阁楼等建筑当中,由望柱、寻杖、栏板等部分构成。栏板形式有卧棂、直棂、菱格、十字形等多种,也见其中数种交错使用。[8]

(四)台阶

台阶有柱梁架空式、砖石砌筑和黏土夯筑式。大足北山佛湾《观无量寿佛经变相》中,从所雕刻的二层台阶来看,均是柱梁架空式。柱梁架空式台阶增加了台阶下面的使用空间,这种台阶在北方很少见,巴渝地区由于气候温和、木材资源丰富的原因常见于一些摩崖石刻造像中。在台阶的两端架平台,挑梁伸出平台外沿,上安栏杆。

砖石砌筑和黏土夯筑式台阶在北方较为经常,直接用砖石按照一定的模式砌筑,或者用黏土夯实的方法修筑即可,它的构造方式比木构简单、稳固。巴渝地区建筑遗址和壁画中所呈现的台阶结构多为砖石砌筑或黏土夯筑而成,重庆遗存的古镇庙宇建筑中也多采用砖石砌筑或黏土夯筑式台阶。

二、装修装饰特征

中国古代建筑讲究房屋的装修、装饰,几乎所有的建筑部位或构件都要美化。装修所选用的艺术形象、色彩因建筑部位与构件性质不同而不同;台基和台阶给以雕饰,配以栏杆就显得格外庄严与雄伟。屋面装饰使屋顶的轮廓形象更加优美,如宝轮寺大雄宝殿上,重檐九脊顶,九脊四坡,正脊两端各饰一龙形螭吻,张口吞脊,尾部上卷,八条垂脊的檐角部位各饰有琉璃小兽,增加了屋顶形象的艺术感染力。门窗、隔扇具有分隔空间的作用，门窗以其各种形象、花纹、色彩增强了建筑物立面的艺术效果。内檐装修常用隔扇门、板壁、多宝格、书橱等来划分房屋内部空间，使室内空间具有既分隔又连通的效果。几腿罩、落地罩、圆光罩、花罩、栏杆罩等也能起到划分室内空间的作用。

天花即室内的顶棚，是室内上空的一种装修。一般用木条制成网架，钉在梁上，再糊纸，称“海墁天花”。重要建筑物则用木条在梁架间搭制方格网，格内装木板，绘以彩画，称“井口天花”。藻井是比天花更具有装饰性的一种屋顶内部装饰，它下方上圆，由三层木架交构组成一个向上隆起如井状的天花板，多用于殿堂、佛坛的上方正中，交木如井，绘有藻纹，故称藻井。

中国古代建筑在室内装饰上还有一个重要特征就是在建筑物上施彩绘，这是建筑物不可缺少的一项装饰艺术。它来源于防腐、防虫的涂在门窗、柱子上的油漆，后来逐渐发展成为彩画。古代在建筑物上施用彩画，有严格的等级区分，庶民房舍不准绘彩画，不同性质的建筑物绘制彩画也有严格的等级限制。

（一）重庆古镇宗庙建筑装修艺术

重庆古镇宗庙建筑基本有三种模式带来的移民，即中国宗庙建筑常使用的样式、本地风格样式和移民带来的移民地区建筑风格的形式。这些多样化的样式既保持了原住地的鲜明特点，也有与当地建筑融合的过程和去本地化的印痕。

建筑装饰的产生首先基于实用的需要，也就是说先有建筑构件，后有装饰构件，所谓建筑装饰构件是指建筑构件再加工后的产物。建筑上一些结构各部件的连接部位，内外空间的沟通部位以及易于引人注目或有特殊内涵的部位，都常使用装饰手段进行藏拙或者现美。房屋建筑装饰大抵可分为两类。一类是结合构造或结构而共生，契合其特质，利用和发挥各类装饰的物理品性和前提，有选择地进行丰富和美化艺术形象的装饰活动。另一类为依附于建筑本体上的装饰，明显迈越了支撑功能。无疑，上述两类装饰已涉及“固本”和“适形制约这一事物的两个方面。[9]房屋装饰以稳定性、安全性和功能性为优先考虑对象，尤其是关于结构力学的建筑构件，在满足以上功能的基础上，也可以进一步强化装饰的需求。如重庆市江北区八省会馆，其建筑装饰既体现了中国传统审美，增强了宗族凝聚力，在实用性上还极大地保护了墙体和木构架免受日晒雨淋的侵蚀。体现了建筑师在把握不同材料性能、不同部件特点和不同门类构件技巧的基础上，进一步丰富、美化和创造建筑及其艺术的形象的追求。

建筑的装饰构件是传统建筑的重要组成部分，它表达了人们对文化信仰和审美意趣的追求，与建筑的结构、原材料的材质、工艺审美水平等一起表达出完整统一的地域建筑风格形象。建筑装饰构件同时承担着建筑的构造需要，它既要和结构构件一起完成建筑的部分负荷承载作用，又要起到维护建筑审美意趣和地区风格的作用。

（二）装饰部件

在重庆地区的古镇庙宇建筑中广泛使用撑拱、穿枋、吊瓜、挂落、轩棚等极具地方特色的建筑构件，其装饰技术也集中反映了重庆地区独特的建筑文化。

1. 撑拱

撑拱又称“雀替”，是中国古典建筑中的重要构件，撑拱在江南某些地方俗称为“牛腿”，北方地区又叫“马腿”，是明清古建筑中的上檐柱与横梁之间的撑木。撑拱除了结构的功能，在重要的建筑当中还是重要的装饰部件。按形状来分，可将撑拱分为板式、角式和棒式三种类型。重庆地区的撑拱具有复杂雕饰的很少，庙宇中的撑拱多具有朴素、朴实的特点，会馆建筑中的撑拱样式较多，雕刻精美。

有些重要建筑的撑拱表面往往用浮雕、圆雕和镂空雕进行装

走马古镇禹王宫戏台角式撑拱

饰，板状撑拱表面多刻花草、云纹或历史故事，角式撑拱相比板状撑拱具有更大的雕饰面，更利于艺术创作的发挥。棒状撑拱多作圆雕或镂空雕，常雕刻动物、飞禽或历史人物等。镂空雕刻一般集中在人们视野一面，而另一面一般不作雕刻，以保证有足够的断面来承担受力。在大型祠庙、会馆中，撑拱多绘以彩画或用彩绘、金箔来点缀，不同等级的建筑其撑拱的尺寸、式样以及雕饰题材也不

安居古镇天后宫棒式撑拱

同，这一特点也反映出古代建筑的等级关系。

2. 挑枋

重庆磁器口古镇宝轮寺
大雄宝殿挑枋

挑枋又称挑檐枋或撩檐枋，在斗拱外端用以承托屋檐。此枋横截面较大，承载能力很强。挑枋是中国古代建筑屋顶出檐的主要构件，从作用上讲，挑枋类似于“华拱”，但挑枋的结构清晰，构造也更简洁。挑枋的形状通常前大后小，挑尾穿过檐柱插入金柱内。重庆地区有些挑枋向上弯曲呈弯曲状，头上翘弧度类似牛角，这一造型增强了承载能力，有助于抗挤压变形，在一些规格稍高的建筑中，有些挑头雕成卷云、蚂蚱头、象鼻挑的样式，主要起到装饰作用。重庆地区有很多形式各异的挑枋，这些挑枋不但符合承载原理，造型也生动有趣，即强化了构件力学性能，又有美化装饰的作用。

3. 瓜柱

瓜柱又叫童柱，是一种下端立于梁、枋之上的短柱，其断面或方或圆，有金瓜柱和脊瓜柱之分，其高度超过直径，功用与檐柱、金柱相同。瓜柱分为两种，即坐墩和吊墩：坐于枋头之上的称为坐墩，包过挑头而垂下的称为吊墩，民间多称为“吊瓜”。瓜柱向上支撑上层挑枋或直接承托挑檐檩，用于支顶上层檐或平座支柱。重庆传统建筑历来都比较重视构件端部的装饰与美化，瓜柱常常位于入口檐下的位置，起到结构和装饰作用。

4. 木雕

木雕可以分为立体圆雕、根雕、浮雕三大类，常被称为“最具有代表性的民间雕刻艺术形式”。木雕是从木工中分离出来的一个组成部分，在我国工种分类中称为“精细木工”。木雕内容非常广泛，主要雕刻历史人物典故、花鸟鱼虫走兽、纹饰等。重庆古镇建筑中木雕使用非常普遍，具有代表性的有龙兴古镇龙藏宫的木雕、涞滩二佛寺的木雕，体现了古代劳动人民对美好生活的追求。

龙兴古镇龙藏宫木雕

涞滩二佛寺木雕

5. *石雕*

石雕，指用各种可雕、可刻的石头，创造出具有一定空间的可视、可触的艺术形象，借以反映社会生活，表达艺术家的审美感受、审美情感、审美理想的艺术形式，也是我国古代劳动人民反映生活的重要艺术创作形式之一。石雕雕刻设计手法多种多样，可以分为浮雕、圆雕、沉雕、影雕、镂雕、透雕等多种形式。重庆古镇建筑中以上雕刻手法几乎都有涉猎，重庆地区的石雕风格简单质朴，雕刻成品中彩绘和装饰较少。重庆古镇中的石雕主要集中在石窟和摩崖石雕、寺庙神殿、石阙和牌坊石雕、石书雕刻、石狮石刻上，如涞滩二佛寺石牌坊和摩崖造像。涞滩二佛寺石雕艺术体现了古代重庆地区的高超石雕水平。

涞滩二佛寺摩崖造像(1)

涞滩二佛寺摩崖造像(2)

参考文献

[1]梁变凤．中国古建筑的真善美．太原:山西人民出版社,2013:1.

[2]刘致平．中国居住建筑简史——城市·住宅·园林．北京:中国建筑工业出版社,2000:17-18.

[3]张弘．巴蜀古建筑．成都:电子科技大学出版社,2014:114.

[4]刘致平．中国居住建筑简史——城市·住宅·园林．北京:中国建筑工业出版社,2000:274-275.

[5]曾宇．川渝地区民居营造技术研究．重庆:重庆大学硕士学位论文,2006.

[6]刘致平．中国居住建筑简史——城市·住宅·园林．北京:中国建筑工业出版社,2000:71、276.

[7]张颖．中国传统居住文化之小木作在室内的应用浅析．建筑与文化．2017(04):117-118.

[8]张弘．巴蜀古建筑．成都:电子科技大学出版社,2014:223.
[9]张弘．巴蜀古建筑．成都:电子科技大学出版社,2014:291-295.

第五章 重庆古镇庙宇建筑开发与保护

第一节 重庆古镇庙宇建筑开发

一、重庆古镇开发现状概述

中国古建筑被称为“传统文化的明珠”“民间收藏的国宝”，在世界幸存的各类历史文化遗产中占有十分重要的地位。中国古建筑保存数量多、分布范围广、种类齐全、特色鲜明，极具历史文化价值。

改革开放后随着中国经济的发展、生产力和生活水平的提高，各地旅游业蓬勃发展。古建筑凭借着深厚的文化内涵和动人的艺术魅力吸引了海内外大量游客，给中国古建筑的保护带来了新的挑战。保护中国传统古建筑就是保护人类历史文化遗产和发展旅游经济的双重需要。由于岁月的流逝、旅游行业的兴起、保护意识的淡薄、保护方法的落后，建筑界最绚丽的中国古建筑逐渐暗淡了下来。一部分古建筑因年久失修，倾圮后变成了残垣断壁；一部分古建筑被随意拆迁，在旧址建起高楼。为了追求经济价值，减少维护成本，大批原汁原味的古建筑被钢筋混凝土的仿古建筑代替，不少极富保存价值的古建文物正在消失。

国内大量著名的古村古镇已满目疮痍、面目全非，乡土文化渐渐没落。有些专家甚至预测，不出20年半数以上的古建筑将只存在于人们记忆中，一大批独具特色的古村镇也将销声匿迹。中国古村镇是中国本土文化的发源地、乡土文化的摇篮、传统文化保存与发展的最后根据地。其中一批风格古朴独特、建筑文化内涵丰厚的古村镇历史文化价值最高。保护古村镇、古建筑，制定行之有效的古村镇保护措施已势在必行。

中国历史文化名镇名村计划应运而生，这对保护中国古镇村镇建筑起到了积极、有效的作用。“中国历史文化名镇名村”的评选，是由建设部和国家文物局从2003年起共同组织评选的，保存文物特别丰富且具有重大历史价值或纪念意义的、能较完整地反映一些历史时期传统风貌和地方民族特色的镇和村。这些村镇分布在全国25个省份，包括太湖流域的水乡古镇群、皖南古村镇群、川黔渝交界古村镇群、晋中南古村镇群、粤中古村镇群，既有乡土民俗型、传统文化型、革命历史型，又有民族特色型、商贸交通型，基本反映了中国不同地域历史文化村镇的传统风貌。

中国的古村镇旅游与国外相比之下要相对开展得较晚。日本从20世纪60年代开始发动乡村文化保护运动，70年代便有了一定规模的古村镇旅游[1]。西欧许多国家早在第二次世界大战后不久便发展了古村镇旅游。东欧巴尔干地区各国在20世纪70年代，便将海滨古村古堡发展成为外地游客的重要旅游目的地。新西兰和澳大利亚开展的当地土著居民毛利人古村镇与民俗的旅游，从20世纪60年代即已开始[2]。

中国历史文化村镇旅游兴起是在20世纪90年代，社会生产力的快速发展带来了消费观念的改变，居民有了一定的存款，并产生了外出旅游的想法。经济的发展使古村镇的居民意识到了自己聚居地的独特价值，开始对祖宗遗留下来的文化资源进行开发。

在供应方与需求方双向作用的条件下，古村镇旅游发展成为最具活力的旅游类别。

重庆地区的古镇属于川黔渝交界古村镇群，重庆地区的中国历史文化名镇包括：重庆市合川县涞滩镇、重庆市石柱县西沱镇、重庆市潼南县双江镇、重庆市渝北区龙兴镇、重庆市江津区中山镇、重庆市酉阳土家族苗族自治县龙潭镇、重庆市北碚区金刀峡镇、重庆市江津区塘河镇、重庆市綦江县东溪镇、重庆市九龙坡区走马镇、重庆市巴南区丰盛镇、重庆市铜梁县安居镇、重庆市永川区松溉镇、重庆市荣昌县路孔镇、重庆市江津区白沙镇、重庆市巫溪县宁厂镇、重庆市开县温泉镇、重庆市黔江区濯水镇共计 18 个。当然也有些具有保护价值的古镇没有被收录到中国历史文化名镇之中，我们也应该予以重视。

重庆地区进行古村镇旅游开发有着得天独厚的优势：

第一，重庆有着 3 000 多年的悠久历史，在人类文明历史上占据了重要的地位。秀美独特的自然地理和气候条件塑造了独具特色的建筑形式和审美，民族融合带来的文化的交融完美体现在古城镇发展上。

第二，重庆古镇旅游资源丰富，起步晚但发展快。真正意义上的中国古村镇旅游业的兴起是在 20 世纪 90 年代。重庆古村镇旅游是在当时流行的“回归自然”“返璞归真”的文化浪潮的引导下而逐渐崭露头角，并迅速成为吸引城市游客的旅游亮点。古村镇旅游之势蔓延全国，成为各地旅游的热点。

第三，重庆地区古村镇保存相对完整。古村镇之所以保留至今是因为地处偏僻的山野，虽然这些村镇在历史上的交通可能发达，但近现代交通相对落后，相应地经济也相对落后，经济落后就意味着无资金改造或改建老建筑，客观上使这些古村镇风貌得以较好地保留[3]。

第四，重庆地区有五十多个民族聚居，多民族文化交融碰撞出独具魅力的文化内涵。各地多样化资源所呈现出来的多元景观与人文活动的美感，已具备了其特有之旅游价值和满足旅游审美需求之必要条件，而不同农村地域所呈现之可索性（involvement）和可解性（making sense）属性差异，则不仅是旅游吸引力的形成因素，亦是不同旅游审美体验的重要来源[4]。

第五，重庆地区古村镇具有独特的意向，如东南水乡村镇所独有的“家在水边住，船在水上走，人在桥上行”的“小桥、流水、人家”的景观意象；晋陕一带下沉式、半下沉式生土（窑洞）村镇所特有的“人与自然紧密融合”的“天人合一”的景观意象；[5]重庆地区古村镇“三江两岸连成片”、鳞次栉比的吊脚楼，“一条青石板”依山就势、就地取材的码头文化意向独具魅力。

二、重庆古镇庙宇建筑开发的现实意义

重庆在先秦时期就已经出现了古城镇，先民在靠近水路、陆路的交通便利之地聚居，并以土、木、竹为原材料建设建筑，这是重庆古镇的前身；秦灭巴蜀前，川东巴地以平都（今重庆丰都县）、枳（今重庆涪陵县）、江州（今重庆渝中区）、垫江（今重庆合川区）、阆中（今四川阆中）这巴国五都为中心，形成了以这些城市为中心的城市系统[6]。秦汉时期重庆地区生产力快速发展，出现了以江州为中心的 12 个县，古村镇聚落更是繁多。东晋时出现了“草市”，草市是因商业需要而自然形成的交易市场，设在交通便利处具有经常性商业活动的地点。唐代，集市场镇也蓬勃兴起，到元丰初年，重庆地区场镇有 200 多个。唐末五代节度使在其辖区大量设镇，设镇使、镇将等武职官员，他们往往兼知税、勾当酒曲等职衔。[7]场镇是以商品贸易活动为主要内容的集镇，是连接人与人和商品流通的重要纽带，宋代时发展成熟。据宋《元丰九域志》统计，元丰初年（1078—1085 年），川陕四路共有 688 个镇。宋元之间的战争和

元朝统治者的灭绝性政策使巴蜀地区十室九空，城镇体系遭受毁灭性打击，明末清初半个多世纪的战乱和严重的自然灾害再次中断了场镇的发展。直到清康熙年间，重庆地区农村商品经济才得以恢复与发展，为了适应商品流通和便利生活一大批中小城镇和场镇在重庆地区再次兴盛起来。巴蜀场镇在清末已达数千座，居全国第一，已经成为“城市之下的一个空间规模级别，或者说是数量巨大的一个内涵丰富的多元素构成的市街聚落体系。”[8]场镇是重庆城镇系统中最末端、最基础的部分。

重庆地区场镇中的建筑发展伴随着生产力的进步、宗教传播、民族融合而发展。生产力的进步给建筑材料、加工方式、建造技艺带来了改变，木工技术的精细化，斗拱和榫卯等技术的发展促进了建筑形式的发展。建筑发展同样受到各历史时期民族融合的影响，包括历史上大的移民运动、少数民族建筑和外来建筑对各地方建筑的影响。佛教、道教等宗教依托中国传统建筑表法，加入具有宗教色彩的纹饰、做法及具有宗教特征的建筑构件；伊斯兰教、基督教的建筑在中国化的过程中保留了其本身的部分特点，同时也融合了中式建筑的做法，形成了“外形中法”结合的模式。重庆古镇中的基督教有很多采用重庆古镇民居为教址，在原有建筑的基础上进行改建。如龙溪古镇中的基督教堂就是典型的中国建筑模式，只是在装饰方面增加了基督教的特色物品，其余的主体结构没有改变。国外宗教建筑传入中国之后受中国传统建筑的影响，采取就地取材因地制宜的建筑方式，与国外宗教特色建筑风格有所不同。

重庆古镇宗教庙宇建筑是上至唐宋下至明清的历史文化组成部分，是融合了古今时代特征的建筑群，极具文物保护价值。庙宇建筑受到中国主流思潮的影响，基本沿袭了中国传统的建筑模式。这些建筑是重庆文化的艺术体现，又是重庆城市遗产的重要组成部分。

建筑文化是综合性的，重庆古镇中的庙宇建筑不仅承载着重庆各时期的政治、经济、文化发展状况，还吸收了各时代不同流派的宗教文化。宗教文化在发展过程中对建筑产生了重大影响，宗教建筑中往往承载着人们对宗教思想的理解，有着丰富多彩的雕刻、绘画、书卷等宗教艺术形式，也反映了各时期居民的宗教精神生活。

古镇中的庙宇建筑作为古建筑中的特殊群体，它的保护利用与管理受到了社会各界的关注。重庆属于文物保护单位的建筑都因政策倾斜而得到了较好的保护。庙宇建筑是古镇建筑中的重要组成部分，是古重庆人流集聚地，是重庆传统文化的特殊载体，这些建筑具有重要的历史价值和文化价值。

重庆地区的旅游多是长江三峡、武隆仙女山、金佛山等自然风光秀丽的地区或以红色革命路线为主。20 世纪 90 年代之前重庆古镇建筑残破不堪、基建落后、火灾频繁，是贫困落后的象征。自政府部门对古镇旅游进行开发后，提高了古村镇的经济活力，促进了其商业发展，为古镇原居民带来了脱贫致富的机会。古镇中的庙宇建筑是古镇旅游的景点之一，为古镇旅游增添了亮点。

第二节　重庆古镇庙宇建筑保护

一、重庆古镇庙宇建筑保护的意义

今天现存的古代建筑所剩无几，长期生活在钢筋水泥盒子里的我们倍感生存空间的狭小和生存环境的沉闷。在反思生存空间的同时，我们应当注意保护古建筑以增加我们生存空间的丰富性。古建筑和古文物是古代人们精湛技艺的载体，是我们了解和研究自身历史和发展的最佳材料。重庆历史悠久，从巴渝文化到陪都文化有 3 000 多年。佛教传入重庆促进了宗教文化艺术形式的发展，古镇宗教建筑内的馆藏经文、书籍见证了巴渝地区历史文化的变迁。重庆曾是中国最早的开埠内陆通商口岸之一，陪都时期大量工商业实体迁到重庆，为这座城市带来了勃勃生机。重庆古镇宗庙建筑具有遗产价值，是人类文明发展过程中产生的物质文化形态，是人类在与环境长期斗争过程中形成的宝贵遗产。对历史文物遗产的保护，是现代城市发展的根基，有助于各城市历史文化的沉淀，每个城市都因其独特的历史文化内涵而与众不同。重庆地区的古建筑在建国初期就受到政府和各界的关注，大部分文物古迹保存较好，当然在新形势下还需要政府加强保护力度和完善保护政策、法规。

重庆古镇是在特定历史时期形成的具有科学内涵的景观体系，其科学价值体现在规划布局、生态设计和人居环境方面。讲究科学的规划布局是重庆传统古镇的基本特点之一，重庆地区古镇选址注重避湿、防洪，一般选址都靠近水域的高地。既方便生活又可以规避山洪、滑坡、泥石流等自然灾害，这种环境意识观深刻地反映出中国传统古镇规划布局所表现出的科学性和合理性。重庆地区的传统古镇常常借助自然山水营造良好的生态景观和人居环境，呈现出生态设计的理念。重庆以山水为脉络和肌理形成的古镇景观，表达出了一种生态学和环境学的科学构想。古镇作为文化景观研究的切入点，是文化地理学研究的重要路径和重要内容。

古镇可以分为城镇古镇和乡村古镇。重庆城镇古镇在整体山水因素、局部区域空间组合、建筑风格和建筑群体的相互搭配、园林环境的营造处理等方面处理较好；重庆乡村古镇与周边山水景观进行有机融合，形成了具有田园风光的特殊氛围、相得益彰的文化生态、朴实亲切的民居建筑、因地制宜的乡村园林、宛如画卷的山水组合等。重庆传统古镇的美学价值和吸引力还体现在其所表现出的地方精神上，如走马古镇是行商在南丝绸之路上必经的休憩地，龚滩乌江水运是最能代表川盐古道前世今生的一个缩影，也是重庆古建艺术、码头文化的代表。

重庆传统古镇的遗产价值、科学价值、美学价值的存在，在很大程度上决定了它的旅游价值的存在。近年来古镇名村旅游越来越受到人们的喜欢，成为目前乡村休闲旅游的主要项目。重庆传统古镇旅游的潜在价值巨大，古镇宗庙建筑作为古镇的景点之一，起着丰富古镇文化内涵的作用。

二、重庆古镇庙宇建筑保护面临的问题

古村镇是中国本土文化的源地、乡土文化的摇篮、传统文化保存与发展的舞台，特别是其中一批风格古朴、建筑独特、文化气息浓厚、具有典型和代表性的古村镇，完全可以以“历史文化名村名镇”的形式加以重点保护。[1]近年来城市建设步伐加快与古建筑亟须严格保护的矛盾日益加剧，盲目扩张的旅游市场给古建筑保护带来了重大考验。虽然近年来国家对古村古镇的保护做了大量工作，但因为人民群众文物保护意识薄弱、保护资金不到位等原因，大量的古建筑不能得到妥善保护，大量古建筑被破坏。古镇庙宇建筑是古镇的重要组成部分，对古镇中庙宇建筑的保护有助于促进建筑保护环境的改善，对大环境进行保护反过来又促进了对庙宇建筑的保护。

重庆古村镇旅游虽然因为资源独特、政府重视等原因迅速走红成为休闲游和乡村游的重要目的地，但由于基础设施薄弱、管理落后等原因，仍存在着许多问题。这些问题直接影响到重庆古村镇旅游资源的合理利用和古村镇旅游业的可持续开发。

古村镇旅游业呈现出的主要问题有些是古村镇自身存在的问题，包括基础设施落后、建筑布局混乱、建筑老化严重等；旅游开发

后带来的问题，如环境污染、文物破坏、物价上涨、侵占当地居民的生活空间等；还有开发与保护之间的矛盾问题，如发展经济与古镇建筑保护之间的矛盾，村民与开发者之间的矛盾；村民与游客之间的矛盾等。

（一）重庆古镇庙宇建筑自身的问题

古村镇旅游点普遍存在着交通不便、基础设施落后、建设水平低、环境质量欠佳的状况。重庆有些古村镇远离现代城镇，交通相对闭塞，可进入性差，成为古村镇旅游业发展的重要障碍。基础设施简陋不全，多数村镇利用河流、湖泊和池塘排水，只有个别古村镇有较好的人工排水系统。村镇环境卫生条件受经济条件限制，村镇环境质量差，垃圾、厕所、牲畜粪便等到处可见。古村镇基础设施落后主要有两方面原因：一是古村镇本身条件有限，古村镇经济落后，没有经济能力承担基础设施的建设和维护。有些古村镇缺乏整修变得破败不堪，还有的地方道路泥泞，每逢恶劣天气，游人难以正常旅行。二是旅游经营现状造成的，因为重庆古村镇旅游开发的时间较短，经营者不愿意在短时间投入大量资金对古村镇基础设施进行修整。又因为大家对旅游环境的质量缺乏重视，许多古村镇仍然存在着不同程度的脏乱差现象，卫生环境差和内部环境乱，是重庆地区大多数古村镇难以成功开展对外旅游活动的主要原因。

重庆地势狭窄的自然环境决定了古镇中建筑密度普遍偏高的情况，而且多数古村镇是在长期的历史发展过程中自然形成的，其建筑布局的随意性较大，缺乏强有力的统筹规划措施。有的古镇受限于自然地理环境，有的依山就势而布局，有的沿河流小溪而排列，形成了开门朝向不统一、功能分区不明显的混乱布局，如龚滩古镇。还有的古村镇随着生产力的发展、人口数量的增多，各自独立的单体建筑逐渐扩展为建筑密度偏高的建筑群，如磁器口古镇。重庆地区古村镇多有道路狭窄、交通不畅的情况。其道路自然生成，未经统一规划，道路多为狭窄的小道，或为石板小路，或为普通街巷。随着社会经济的发展，道路交通显得拥挤，原有道路已不能适应。如走马古镇。

许多古村镇中都存在着古建筑损坏严重、古村镇风貌逐渐消亡的情况，有的古建筑年久失修损坏严重，一些代表性建筑物如古楼、古塔、古祠、古庙、古戏台以及一些石刻、古树等，均面临着被毁的危险。大量古民居分布在农村，大部分归私人所有，居民的保护意识差、任意拆毁古建筑，也给保护工作带来了极大困难。

古建筑修复技术水平差、保护难度大、保护资金不到位、政府不重视。政府着眼于经济建设，缺乏历史耐心，对于不能产生经济价值的古建筑保护缺乏动力，工作人员不作为，缺乏对古建筑保护的有效管理等问题。

（二）旅游开发后带来的问题

近年来，开发经营者过分追求经济价值，政府管理者只看重经济发展，在古村镇旅游逐渐成为旅游观光热点之时，人们却忽视了对资源、环境与风貌的保护，古村镇风貌损毁严重。各地古村镇不是文物古迹遭到无情的破坏，就是人为的“假古董”“假文物”到处充斥；不是破坏性建设，就是建设性破坏。有的村民为了经商需要，随意搭建用房；有的村民则无视整体保护的要求，私自拆迁和改建房屋。不少急功近利的村民甚至不时地向游客贩卖珍贵的民居构件和古字画，任意让游人触摸文物三雕（木雕、石雕、砖雕）[9]。

旅游本身是一项旅游者与旅游地之间产生交互的活动，古村镇旅游对象包括古宅、古街、风土人情、文化环境以及旅游服务等都离不开当地居民的参与。世代生活于其中的村民的日常生活也是古村镇景观的重要组成部分。古村镇旅游的有效开展，离不开当地居民的积极参与和支持，加强社区参与有助于推动当地旅游业的正常发展。重庆古村镇旅游在加强社区参与方面存在以下问题：①在村镇发展规划和决策方面忽视了村民的意见和建议，开发者很少考虑当地村民的态度、愿望和要求。政府、开发企业和部分专家主导规划决策，地方政府越俎代庖与经营企业之间签订经营合同，村委会、村民没有发表意见的机会和途径，这一情况影响了村民参与建设的积极性。②旅游经营者忽视基础设施的投资和社区环境的改善，有的为了方便游客甚至牺牲村民的利益，激化了游客和村民的矛盾，给游客带来了负面影响，使游客的实际体验与期望值存在较大差距。居民的受益程度很低影响了村民参与发展旅游的积极性。③忽视了古村镇发展和旅游发展相互依存的关系。古村镇旅游的发展能够促进古村镇经济发展，古村镇经济发展是开展古村镇旅游的最终目的。所以古村镇旅游必须立足古村镇本身经济的发展。[10]

在重庆的古村镇旅游中普遍存在着古村镇旅游开发缺乏有效管理，从业人员素质偏低的问题。主要表现在参与营运的企业多数都缺乏旅游管理经验，尤其缺乏古村镇旅游这种新型旅游类型的经验。运营方在开发管理过程中难以兼顾和协调旅游者、旅游企业、旅游地居民等多者之间的利益。旅游从业人员多是当地村民，未接受过专门的接待训练，文化素质不高，见识不广，服务能力不强影响了游客体验。2017 年 8 月，我们在重庆九龙坡走马古镇调查时了解到，一个发展了十几年的古村镇，其旅游管理人员中，大学以上管理人员的学历比是 12%，中专（含高中）是 21%，中专以下为 67%；从事旅游接待服务的人员中受过旅游职业技术教育和专职培训的人员仅占从业人员总数的 7%，以上因素影响了游客在古村镇中旅游时的体验。

（三）经营模式中存在的问题

目前重庆地区古村镇旅游地的经营模式大致可以分为 3 种，分别是：

（1）村集体自主经营。村民自己出资建设，自己管理经营。其优点是出资者之间容易沟通，经营利益与每个家庭都息息相关，大家一起赚钱，调动了百姓的积极性。但存在着资金投入不足、管理水平不高、发展规划不合理等问题。

(2)非所有者承包经营。包括个体承包和企业租赁。有资金投入丰厚、管理较专业、资源浪费少等优点。缺点包括：投资经营者只选择性投资，不利于村镇整体环境的营造；只关心产出效益，忽略了生态环境的保护等；村民既得利益少，挫伤了积极性。

(3)所有者与非所有者合作经营。古村镇集体与外来企业共同组成开发实体，古村镇出资源，企业出资金二者合资经营。优点是可支配资源丰富、财力雄厚，有助于古村镇的统一规划和配套发展。缺点是参与者众多，涉及利益方多，协调难。

各种经营模式都有优有劣，其中出现问题的最根本原因是村民与企业的利益分配问题。探索并完善有效的经营体制，处理好村民与企业的利益分配，这是古村镇开发亟须解决的问题。

三、重庆古镇庙宇建筑保护开发的方向和原则

(一)旅游观光为主的重庆古村镇发展

近年来，随着互联网媒体的发展，许多名不见经传的古村镇突然变得炙手可热，这为古村镇的开发指明了方向。专家学者和广大游客纷纷走进古村镇，中国古村镇的旅游开发也因此而形成气候。重庆古村镇数量多，分布地域广，历史文化价值高，古朴的民俗民风与美丽如画的乡村田园风光交织在一起，表现出独特的旅游观赏价值。

重庆古村镇中交通便利和旅游资源较为丰富的地区，应该以发展旅游观光产业为主、各种服务业为辅。古村镇文化只有在旅游活动中才能最大限度地发挥其宣传教育价值，旅游开发并不妨碍古村镇的保护，科学有效的管理才是保护古村镇的最佳方式。开发古村镇旅游既发挥了古村镇文物古迹的社会效用，又促进了

古村镇的经济发展。将重庆地区古村镇的开发与保护相结合，同时将游览观光业作为开发的主要方向是古村镇保护性开发的重要出路。

（二）古建筑保护开发的原则

古建筑保护开发的原则主要有如下五个：整体性原则、多样性原则、展示性原则、区别对待原则、保护与开发相结合的原则。这些原则同样适用于重庆古镇庙宇建筑的保护。

1. 整体性原则

古村镇保护开发是一个整体观念，要保护整个聚落的整体组成而非单体的民居建筑。古镇意象的形成是古建民居、自然环境和历史氛围组合的结果，1968 年，联合国教科文组织 UNESCO，在第十五次全会上就文物保护问题也强调了古镇整体保护的重要性："文物不是可能孤立存在之物，所有的文物几乎是群体存在的，或是和中心文物具有密切关系，显示周围环境中许多东西的集合体。因此，不单要依据法律保护被确定为文物的部分，甚至必须包括未被确定为文物但与之有密切关系的部分。"这要求我们在保护重庆古镇建筑的过程中，除了要保护好单个的文物建筑，更要加强整体环境的保护，这就是古村镇保护时应遵循的整体性原则。

2. 多样性原则

包括古村镇的保护类型多样性、地域多样性、保护方式的多样性、文化的多样性和民族的多样性等。地域多样性是指古村镇的区域性特征，主要取决于自然环境的地域差异。重庆地区地处西南，独特的自然环境塑造了独特的人居形式和建筑形式，垂直型气候和复杂的地理形态对古镇建设起决定作用。文化多样性是指古村镇所受不同文化因素的影响，主要取决于地方乡土文化的影响力。湖广文化等多省移民文化对重庆古镇建筑影响深远，除了本土建筑文化形式外，重庆古镇还杂糅了中国十几个省份的建筑风格。民族多样性是指不同民族常会有不同的古村镇形式。重庆是个多民族文化融合的地区,各民族建筑风格都有其特点,彭水古镇蚩尤九黎城以苗族始祖蚩尤部落文化为载体,是中国最大的苗族传统建筑群也是彭水自然风光与苗族历史文化的有机结合体。保护方式的多样性:保护方式分为就地保护和异地搬迁保护,又可以细分为文物性保护、风貌性保护、更新性保护等多种形式。

3. 展示性原则

重庆古镇庙宇建筑多数分布在古城、古村、古镇中,大多数都是对外开放进行展示的,充分展示了古建筑和建筑构件的文化内涵。

4. 区别对待原则

各地的古村古镇可根据其整体风貌,完好程度及历史文化价值等方面的不同,明确其保护等级和具体的有效保护措施,分别列入国家级、省级、市县级保护等级,也可以分类分层次保护。

古建筑分层次保护可以分为文物性保护、半文物性保护、风貌性保护、更新性保护、复原性保护五种。文物性保护规划的要求对古建古迹彻底保护,主体建筑与环境不能做任何变动,修复工作要忠于原貌,以保持古风旧貌,磁器口古镇的宝轮寺就采取的文物性保护原则。半文物性保护只在使用功能上加以改良,以满足现代生活的需要,如增设水电设施,适当的装修改造等。在磁器口古镇中的大部分古民居都是做半文物性保护。风貌性保护是指为了展现该村镇的历史脉络,对大多数建筑只作总体格局上的宏观保护控制,以体现整体环境的乡土特色。在文物建筑和传统民居数量多而集中的古村镇,除部分实行半文物性保护外,多数只需作风貌性保护。更新性保护的基本思想是在保存原有民居的情况下,通过多种途径对建筑的某些特点作翻新处理。一是对原有建筑进行改造修缮或粉饰。二是对原建筑的使用功能赋予新用途。三是拆除原有的民居建筑,在原地重新修建仿古新民居,或重新创作具有地方特色的现代建筑。四是在用新材料、新方式对古建筑进行改建，在“旧”基础上创“新”。复原性保护是对消失但有恢复价值的古建筑，在原有废墟上进行重建。以上五种分层次保护性原则的选择，必须以实际的需要为基础。

5. 保护与开发相结合的原则

正确处理好保护与开发的关系在重庆古镇庙宇建筑保护开发中是非常重要的。古村镇因其独特的历史内涵和文化价值而备受保护，对古村镇的开发又了其经济的发展。实际上，保护与开发是相辅相成的。积极的保护观念应该从现代价值观出发，坚持社会效益，经济效益和环境效益的统一，使文物古迹在不失经济效益的基础上发挥更大的社会效益。保护必须与改造、更新和利用相结合，才能实现积极有价值的保护。

重庆古村镇中传统建筑量大而广，单纯靠政府补贴国家财力难以承受，在对古建筑保护的过程中要对其进行合理开发，用开发产生经济效益，反过来投入到保护中去，形成良性循环。开发是以保护为前提的开发，保护是在开发的条件下进行的保护。没有开发，保护就会难以为继，没有保护，开发将走向无序。

在对重庆古镇建筑的保护过程中，我们应当立足当前，针对存在的问题提出规划目标和解决办法，同时也要根据长远利益体现远期规划意图。不可大拆大建，应根据经济承受能力分期分批进行。改建工作中应充分合理利用原有村镇的基础，避免浪费。在可能情况下，完善公共基础设施建设，加强绿化建设。

第三节　重庆古村镇旅游发展的未来思考

旅游业是 21 世纪全球最具生命力的“朝阳”产业，重庆地区的古村镇旅游在旅游行业中扮演重要的角色，是重庆经济新的增长点之一。重庆古村镇具有丰富的文化内涵和优美的自然环境、美妙的田园风光，这为文化旅游和生态旅游的发展提供了广阔的发展空间。现阶段重庆古村镇旅游呈现出以下特点：

（1）重庆古村镇环境优美、文化景观丰富、乡土气息浓厚、旅游资源独特，近年来成为越来越多居民“休闲旅游”“乡村旅游”的重要目的地。重庆古村镇旅游虽然起步晚，但发展快，其旅游吸引力处于上升阶段。

（2）重庆古村镇旅游由于基础设施条件差，经济基础薄弱，从业人员和管理人员素质偏低，经营企业过分注重自身经济利益而忽视村民利益和长远利益等原因，表现出诸多的矛盾和问题。

（3）重庆古村镇旅游业的发展必须以可持续发展原则为前提，保持古村镇文化资源在利用上的持续性与长久性，必须将近期利益与长远利益、企业利益与社区利益有机地统一起来。

古建筑的开发和保护既需要各主体明确责任，又需要各社会群体互相配合。既需要运用科学手段进行文物保护，又需要培养考古学、建筑学、宗教学等多学科交叉结合的复合型人才。同时还要兼顾经济发展与文物保护之间的矛盾。虽然文物部门非常重视文物保护，但在与经济发展相博弈时，常让步于经济发展。怎样协调这种矛盾，实现文物保护和经济发展的双赢是现阶段古村镇开发与保护面临的重要考验。

古镇经济的发展带来了一系列的问题：文物损坏、生活成本提高、造成当地居民生活不便、熟人社会变迁等问题，我们有必要为起步不久、尚未成熟但颇具潜力的古村镇旅游寻找良策。

一、从文物被损坏的原因进行对策拟定

（一）自然原因

（1）经济发展带来的污染破坏了文物。重庆市政府根据污染

对文物造成损害，采取了一系列措施，其工作主要侧重于以下几个方面：

一是建立了环保队伍，重庆市环保局成立了生态环境保护建设领导小组。

二是促进环保立法，《重庆市环境保护条例》等法律法规对排污条件进行了明文规定。

三是采取环保措施，包括：①加强污染防治，减少污水、空气污染物的排放量，强制对排污重点单位进行迁移、关闭或依法取缔。②大力开展城市环境综合整治和重点流域区域污染防治，促进污染严重的地区进行改善。③加强生态环境建设，减缓生态环境恶化趋势。④积极开展国际环境合作交流，推动环境保护新的“合作伙伴关系”向前发展。⑤深入开展环境保护宣传教育，提高保护环境全民意识，增加中小学环保课程，党校行政干部学校培训增设环保内容等。

（2）随着岁月变迁，古建筑经受日晒雨淋逐渐残破，古代修复建筑的手段很多，新时代随着科技发展、新材料新技术的应用更是为修复古建筑提供了新方案。

对古建筑物进行修复应当遵循修旧如旧和文物与环境整体协调的原则，一般采用“四大工种”和“六大古法”，四大工种即木工、瓦工、石工、油工，六大古法是指采用古老的形制、结构、材料、工艺进行修复。

采用新型修复方法对建筑物进行修复应使用具有可逆性的现代材料和遵循注重隐蔽的原则。

（二）人为原因

许多对于古建筑的人为性破坏是可以避免的，比如不文明的行为，包括乱涂乱画，不合理的合影、拍照、攀爬等不文明的旅游行为。此外还存在着因经济利益的诱导而出现的偷盗文物、强拆改建等行为。针对以上现象，政府应加强立法，提高违法成本，还应加强宣传教育，提高国民素质和审美能力。

二、从社会各主体方面分析进行对策拟定

（一）政府

1. 借助市场经济的力量

积极发挥政府政策导向的引导作用，尊重市场的主导作用。重庆古村镇发展遇到的问题，有些是政府部门可以帮助解决的，有些是市场本身可以解决的。政府部门主要通过制定正确的政策和法规，引导和规范旅游经营市场。特别是通过相应的法规，有效地保护古村镇遗产和景观，通过系统科学的规划，对古村镇进行基础设施改造。通过当地政策的配套和倾斜，及时引导投资方向，改善落后的交通网络。政府的引导绝对不能代替市场的主导作用，在符合发展政策和遗产保护等相应法规和要求的前提下，所有的经营行为都应该遵循市场运营的规律，采取市场运作的方法，通过资源的有效运作，达到既保护又发展的目的。广东开平碉楼遗产保护与旅游的启动，就是一个政府主导、市场引导的典型例子。[11]

2. 政府管理

立法保护：只有通过立法，才能对重庆古村镇建筑起到行之有效的保护，借鉴国外保护历史文化村镇的过程，制定城市和乡村保护条例，也同时产生城镇与村镇的保护制度。重庆古村镇的保护，必须有相应的法律措施作保障。此外，为做到有效保护，还应由政府设立专项保护资金。

制度保护：对文物的展出、出租事项等方面要加强管理，制订完善的规章制度，并把每条制度落到实处，才能起到真正的保护作用。

建立一份科学的文物保护工程档案：文物保护部门应该着手

建立一份科学的文物保护工程档案资料，这对我国文物保护工作具有指导和示范作用。

3. 政府宣传引导

(1)首先要加强人们的保护意识。这需要政府和有关人士的共同努力和合作，面对孩子，我们应该在课堂内外进行教育，从小树立对文物保护的意识。

(2)应增加面对成年人的文物保护方面的公益广告，对人们进行潜移默化的渗透。其次就是要开展针对大众的文物保护宣讲教育。进行长期的文物保护教育、宣传工作，需要漫长的时间，需要我们坚持下去。

(3)政府和经营者首先要提高文物所在地的工作人员的素质，它们的有效管理直接影响到文物保护工作的开展。对作为神的代理人、传播者的僧侣和信徒，要普及文物保护知识，增强其法律意识。

(4)政府在组织各种宗教文化节的同时提高人们的文物保护意识，解读建筑文化内涵，普及文物知识，对百姓进行宣传和教育，吸纳社会资金，合理运作探索一个可持续的保护模式。

(5)加强对村民历史环境保护意识的培养，生活在古村镇中的居民的历史环境保护意识，对历史文化村镇的保护至关重要。许多古村镇民居与建筑的损毁，在很大程度上是由于缺乏历史环境保护意识所致。中国村民的历史环境保护意识还远没有达到对其潜在价值的认识，正因为如此，加强对村民历史环境保护意识的培养，刻不容缓。

(6)政府组织人员编制片区保护开发规划方案。

4. 政府拨款

要加大对文物的保护力度，还需要从保护经费上进行着手。对古建筑的修缮离不开金钱的支持。经费的筹措不是一件容易的事情，通常情况采用自筹、国家拨款、社会捐助等方式进行，政府拨款是筹集经费的主要手段。政府牵头成立文物保护基金，文物保护基金的建立直接影响文物保护的延续性，但是现在的情况是，大多的资金都用于其他商业及建筑物的修缮，而真正有价值的文物却被忽视了。

5. 政府进行保护性开发

政府要鼓励积极有效的保护性开发，保护性开发是指在不破坏原有古迹和历史文化环境的基础上的合理开发。合理开发不仅能以文物养文物，而且能获得较好的经济效益和社会效益。对各式民居实行半文物性保护与适度开发相结合的原则，在保留建筑外貌特征和内部布局不做大的变动的情况下，对其使用功能上进行改良，增设现代化的水电设施和增加必要的内部装修，以满足现代人生活的需要。合理的开发不仅使古村镇能够得到有效保护，还能获得良好的经济效益。

6. 政府执行、监督、管理部门

对重庆古村镇建筑的保护不能停留在文字上面，要保护到实处，不能光让人看到古旧的外表，却早已不见了文化的内涵。这需要政府的监督和执行。

(1)保持建筑的原状，控制热门景区参观人数，减少人为破坏，禁止随意添加新建筑。提升公众的环保意识，加强教育，加强监督，提高违法成本。

(2)政府合理运用政府调控机制安排用地，处理好交通、百姓和商业发展之间的关系，集中力量办大事，以群众安居乐业为根本目标来保护古村镇风貌，古镇周边环境与之协调统一，加强古镇保护力度。不加入现代建筑维护方法，一切以古代建筑方法维护。

(3)重庆地区的古镇开发性保护现阶段大多处于不成熟的阶段，当地经济发展缓慢，电力、管道等设施陈旧，火灾事故频频发生。磁器口曾多次经历火灾，导致幸存的古建筑是越来越少，幸运的是并没有波及寺庙建筑，寺庙建筑也是古镇建筑中不可或缺的一部分，政府部门要定期检修排除隐患。

(4)我们应借鉴国外保护经验，学习外国保护古建筑的方法、态度和意识。据考察，资本主义国家存在大量的保护完好的古代建筑，他们七成的建筑市场项目都是对旧建筑的保护与利用的项目。我们应积极学习国外建筑保护经验，引进先进的修葺技术。

(5)加强环境管理的建设能平衡社会需求给建筑环境带来的影响，同时也会影响自然环境，为了使历史建筑保护和自然环境保护相融合，且能可持续发展，环境管理建设是非常必要的。[12]

(6)重庆古村镇要得到合理有效的保护和开发，首先得有科学的规划管理。如果盲目地无计划地开发，只能加速其毁灭。许多国家从一开始就把古村镇的开发和规划作为一项重要工作来抓，我国一些开发较早的古村镇，如歙县唐模村、永嘉县楠溪江国家风景区内的苍坡豫章等村，都在发展初期做了不同程度的规划管理工作。

(二)社会职能部门

关系到重庆古镇发展的社会职能部门包括科研从业者、高校研究机构和古村镇管理者、经营者等。

1. 科研部门

(1)科研部门对古建筑修缮保护技术的研究，延长了古建筑的寿命，让古建筑焕发了生命活力。

(2)科研部门对古建筑修缮保护进行理论和实践相结合的研究，研发了诸多新技术促进了对古建筑的修复和保护。研究者对古建筑进行分门别类的研究，通过对大量案例的剖析，积极借鉴其他地区的优秀保护措施和技术手段，结合国内外科学方法进行保护。

(3)保护和修复古建筑需要我们进行历史调研，了解建筑的基本信息，从老照片、文史资料、实地考察中了解建筑结构、工艺技术等，并将资料汇编与归档，按照社会历史背景建立历史建筑保护数据库。对年代久远、具有重要的历史文化价值且保存完好者，作为中国古代耕读文化的典型代表；具有特殊的历史纪念价值且有相应纪念标志者，具有特殊的地方性、民族性、乡土性民居形制者，有着卓越的建筑艺术者都应针对性重点保护。

(4)我国作为历史建筑遗产资源及历史文物极其丰富的文明古国，在建筑保护方面缺少专业技术人员，高校应该建立相关学科，培养建筑保护人才。

2. 管理经营者

管理经营者应围绕着重庆的地理特点因地制宜地制订开发政策。

首先要以水、山等自然环境为保护核心。着重考察古镇发展中存在的问题，注意保护历史风貌和传统建筑，将传统建筑保存与现代生活功能相结合。在尊重历史、保护历史遗存的基础上，继承和发扬传统的空间组合手法，尝试性地采用现代建筑中支撑体系的灵活组合，以期解决在狭小的街巷中安置各种市政管网的问题。

其次在日常管理中，我们还应该重视维护，做好除草、修葺砖墙地板、替换损毁构件、防漏雨、防水等维护工作。

再次管理者应定期检查建筑构件脱落、松动、风化情况和柱子开裂情况。同时对自然环境引起的诸多问题，如返潮、沙土尘粒磨蚀、表面积尘、褪色、人为损耗等问题，我们都应予以重视并及时修复。如遇生活油烟的污染、鸟昆虫老鼠粪便、水渍、墨渍、烟熏等情况，要慎重对待，因为不当修复都可能会对建筑物造成不可逆的损害。我们应该坚持以旧修旧的原则，尽量采用传统技艺和现代工艺相结合的方式进行修缮。

最后，管理经营者在对重庆古村镇建筑进行管理和维护时，应认识到古建筑对中国建筑文化的意义，充分认识其文化内涵。这要求管理经营者具有历史耐心、富有责任感和责任心。

3. 游客和普通群众

游客和普通群众要增强古文物的保护意识，要尊重爱护古建筑文物，不乱涂乱画随意破坏古建筑。还要积极宣传保护古建筑的意义，劝诫他人的破坏行为，做古建筑保护的传播者和卫道者。在古村镇中生活的群众应当自觉承担起保护古村镇环境的责任，游客应当在游览过程中文明游览。

三、重庆古村镇旅游业发展的具体策略

未来重庆古村镇旅游业发展的具体策略是：在政策导向上，强调市场主导的同时，坚持政府部门的执法监督和正确引导；在发展目标上，要以保护为先，才能求得永续发展；在发展路径上，根据自身所处的经济环境和交通区位，选择适合自身发展的开发方式，以避免盲目跟风；在经营体制上，可以根据具体情况选用独立资本、合作资本、本土资本、海外资本、民营资本、国有资本等多种融资结构与所有制并存的形式；在内部管理上，强调引进科学先进的管理模式，提高管理人员和从业人员素质达到优化旅游环境的目的；在利益关系上，强调村民参与和促进古村镇发展，倡导企业与村民利益共享，以确保普通百姓的利益。

(1)在发展目标上，必须体现保护为先，要加强遗产与风貌保护，实现永续发展目标。重庆政府、经营企业和村民绝对不能只为了发展旅游提高知名度，更要把发展古村镇旅游作为发展的头等大事。实际上，对重庆地区古村镇首先要对文化遗产、文物、民俗实施有效保护，同时要树立整体保护的观念，既要保护重点遗产和文物，又要保护村镇风貌和整体景观。不仅要保护古建筑、老街道等物质遗产，还要保护风俗礼仪、文化氛围等非物质文化遗产。古

村镇旅游一定要充分认识到古村镇文化资源的特殊性和不可再生性，在可持续发展总原则的指引下，走持续稳定发展之路。既要保证当代人受益，又要维护后代的利益，这是古村镇旅游与发展的最终目标。

(2)重庆地区的古村镇应当根据自身所处的经济环境和交通区位，选择适合自身发展的开发方式，避免盲目跟风。在发展路径上应根据因地制宜的原则进行具体古镇具体分析，各古村镇应该根据本身所处位置和资源条件的不同，选择不同的发展道路。根据古村镇的资源条件可以分为以下几种：

①城市周边型，如沙坪坝磁器口古镇，这种古村镇处于城市内或城市周边，客源市场和引资市场比较优越，因而可以在短期内得到较快的发展，是“乡村游”和“休闲游”的较早实践地，作为早期实践地这批古村镇旅游市场比较成熟，其文物和景观的保护难度也相对较大。

②经济发达地区依附型，如走马古镇，这种古村镇处在经济发达地区的外围，但与发达地区关系密切，如九龙坡的走马古镇，客源市场不成问题，资金问题也不是太大，但是因为位置偏僻、本身旅游资源有限、知名度不高等原因给乡村旅游带来了负面影响，没有太大发展。

③风景名胜区依附型，如偏岩古镇，风景名胜区依附型古村镇是指这些古村镇本身正好处在某个国家级风景名胜区或知名度较高的旅游区附近或旅游区内，可以借助风景名胜区已有的较为成熟的客源市场和投资市场捆绑销售，从而达到互为补充、互惠互利的目的。如偏岩古镇、龚滩古镇等，偏岩古镇结合国家4A级旅游风景区金刀峡，龚滩古镇依托乌江画廊风景区，将自然景观和人文景观互为补充进行捆绑销售，借助风景区已有的对外交通设施条件和客源市场条件，从而快速启动占领市场。

④偏远不便型，如江津中山古镇，这种古村镇在重庆地区古村

镇总量中占有较大的比重，多处在较偏远的山区，交通状况不佳，自然资源和人文景观都比较欠缺，目前发展存在着较多困难。这些古镇具有一定的旅游活动，但规模非常有限，其主要原因是缺乏特色，既没有名山大河作为依托，又没有名人故居可供凭借，对于这种类型的古镇我们建议开发具有特色的农村生态旅游，如主打农业的花卉种植基地、草莓种植基地、中草药种植基地等。还有主打服务业的露营基地、婚纱摄影基地等。不同区位和环境的古村镇应认真选择适合自身发展的路子，发挥区域特长，避免盲目跟风。

(3)在经营体制上，可以根据具体情况选用独立资本、合作资本、本土资本、海外资本、民营资本、国有资本等多种融资结构与所有制相结合的形式。在经营体制上采用多元融资结构，多种所有制并存的形式，发挥想象力和主观能动性，可以采用集体经营的形式，也可以用企业经营的形式，还可以用集体和企业联合经营的形式。既可以吸纳本土资本，也可以引进外资，既可以采用独立资本经营，也可以采用合作资本。在目前较为流行的三种基本经营模式的基础上，进一步改进各方合作形式和利益分配方式，以达到各方利益的整合与协调的目的，不管用什么样的经营体制最终只要能够促进古村镇旅游业的健康可持续发展就是可取的。

(4)在内部管理要引进科学先进的管理模式，提高管理人员和从业人员素质，达到优化旅游环境的目的。改善和提高古村镇旅游管理水平，必须从以下几方面着手：

①对照旅游管理的国际质量标准，抓好旅游经营企业的整改和提高，尽快与国际标准接轨。

②督促旅游经营企业加强管理人员和从业人员素质培养，提高专业化经营和管理水平。

③必须立足长远，对古村镇进行“环境容量”的测定，以确保古村镇环境氛围的“原真性”，避免让宁静的古村镇变得人满为患。

④各级旅游主管部门建立相应的旅游质量跟踪和监测体系，以确保古村镇旅游的有效管理。

⑤加强社区村民文明素质和社区精神的培养，营造好的旅游社区环境，减轻旅游管理的难度。

⑥抓好旅游社区卫生环境和生态环境的建设，为游客提供一个优美舒适、整洁宜人的游览环境。

(5)在利益关系上，强调村民参与古村镇建设和发展，提倡企业与村民利益共享，以确保普通百姓的利益。古村镇村民热衷于发展旅游是希望通过发展旅游来改变当前农村贫穷落后的经济状况。在开发重庆地区古村镇时必须以村民利益为基础，充分重视当地村民的合作、环境保护、发展决策、积极展示、利益分配、乡村建设的参与，充分考虑当地村民的利益，开展持久性经营让古村镇和经营企业共同受益。

参考文献

[1]日本观光资源保护财团．历史文化城镇保护．路秉杰译．北京：中国建筑工业出版社，1991：15-33.
[2]刘沛林．论“中国历史文化名村”保护制度的建立．北京大学学报，1998：82-88.
[3]刘沛林．古村落：和谐的人聚空间．上海：上海三联书店，1997：3-6.
[4]汪昱仁，刘惠国．农村旅游地审美环境营造之探讨．真理观光学报，2003：23-38.
[5]刘沛林，董双双．中国古村落景观的空间意研究．地理研究，1998(3)：32.
[6]段渝．秦汉时代的四川开发与城市体系．社会科学研究，2006(6)：134-140.
[7]《八琼室金石补正》卷八二《佛顶尊胜陀罗尼经序》

[8]季富政．巴蜀聚落民俗探微．南方建筑，2008(5)：5-10.
[9]贺为才．徽州古村落旅游遭遇尴尬．中国旅游报，2002-01-09.
[10]刘伟华．关于社区参与旅游发展的若干理论思考．旅游学刊，2000：47-52.
[11]刘沛林．广东侨乡聚落的景观特点及其遗产价值．中国历史地理论丛，2003：88-96.
[12]Robert A Young. 历史建筑保护技术．任国亮译．北京：电子工业出版社，2012：3.

参考书目

[1]刘沛林．历史文化村镇[M]．北京：中国书籍出版社，2013.

[2]刘敦桢．西南古建筑调查概况·刘敦桢文集第三卷[M]．北京：中国建筑工业出版社，1987.

[3]云南省设计院．云南民居[M]．北京：中国建筑工业出版社，2018.

[4]季富政．巴蜀城镇与民居[M]．成都：西南交通大学出版社，2000.

[5]梁思成．清式营造则例[M]．北京：清华大学出版社，2006.

[6]刘敦桢．中国古代建筑史[M]．北京：中国建筑工业出版社，1984.

[7]罗开玉．四川通史(第二册)[M]．成都：四川大学出版，1993.

[8]任乃强，任新建．四川州县建置沿革图说[M]．成都：巴蜀书社，2002.

[9]曾宇．川渝地区民居营造技术研究[D]．重庆：重庆大学，2006.

[10]富政．中国羌族建筑[M]．成都：西南交通大学出版社，2000.

[11]季富政．三峡古典场镇[M]．成都：西南交通大学出版社，2013.

[12]毛刚．生态视野·西南高海拔山区聚落与建筑[M]．南京：东南大学出版社，2003.

[13]甘小华．秦对巴蜀地区的农业经济开发对其统一六国中的影响[D]．西安:西北大学,2009.

[14]刘志远．四川汉代画像砖艺术[M]．北京:中国古典艺术出版社,1958.

[15][晋]干宝,贾二强校注．搜神记[M]．山西:陕西师范大学古籍整理研究所,1997.

[16]周知．西南传统建筑屋顶空间形态研究[D]．重庆:重庆大学,2008.

[17]刘致平．中国建筑类型及结构[M]．北京:中国建筑工业出版社,2000.

[18][宋]范晔．后汉书[M]．延吉:延边出版社,1995.

[19]赵逵．川盐古道:文化线路视野中的聚落与建筑[M]．南京:东南大学出版社,2008.

[20]白九江．巴人寻根:巴人、巴国、巴文化[M]．重庆:重庆出版社,2007.

[21]陈旭麓．中国近代史[M]．北京:高等教育出版社,1997.

[22]蓝勇．西南历史文化地理[M]．重庆:西南师范大学出版社,1997.

[23]陈蔚,胡斌．赏析巴蜀会馆建筑[J]．成都:四川建筑,2004(6):23-25.

[24]杨宇振．中国西南地域建筑文化研究[D]．重庆:重庆大学,2002.

[25]谢岚．自贡会馆建筑文化研究[D]．重庆:重庆大学,2004.

[26]董奇．巴蜀建筑史——秦汉时期[D]．重庆:重庆大学,2010.

[27]赵慧敏．巴蜀建筑史——唐宋时期[D]．重庆:重庆大学,2010.

[28]张新明．巴蜀建筑史——元明清时期[D]．重庆:重庆大学,2010.

[29]刘致平．中国居住简史[M]. 北京:中国建筑工业出版社,2000.
[30]董其祥．巴史新考[M]. 重庆:重庆出版社,1983.
[31]龚奇柱．重庆历史[M]. 重庆:西南师范大学出版,1996.
[32]吕思勉．秦汉史[M]. 上海:上海古籍出版社,1983.
[33]秦立凯．先秦两汉时期西南铁器的传播和发展[D]. 重庆:西南大学,2006.
[34]中国科学院自然科学史研究所．中国古代建筑技术史[M]. 北京:科学出版社,1985.
[35][唐]李吉甫,贺次君校．元和郡县治[M]. 北京:中华书局,1983.
[36][宋]乐史．太平寰宇记[M]. 中华书局影印本,1999.
[37][西汉]司马迁．史记[M]. 北京:中华书局,2009.
[38]刘敦桢．中国住宅概说[M]. 北京:建筑工程出版社,1957.
[39]管维良．巴族史[M]. 成都:天地出版社,1996.
[40]李家发．重庆历史与文化[M]. 西安:陕西人民教育出版社,2003.
[41]李书敏,蓝锡麟．巴渝历史沿革[M]. 重庆:重庆出版社,2004.
[42]曾宇．巴蜀园林艺术[M]. 天津:天津大学出版社,2001.
[43]陈明达．营造法式大木作研究[M]. 北京:文物出版社,1993.
[44]四川省土木建筑学会．四川民居[M]. 成都:四川人民出版社,2004.
[45]林向．四川名塔[M]. 成都:四川人民出版社,1986.
[46]庄裕光．巴蜀民居渊源初探[J]. 中华文化论坛,1994(4):75-82.
[47]梁思成．梁思成全集(第六卷)[M]. 北京:中国建筑工业出

版社，2001.
[48]李先逵．古代巴蜀建筑的文化品格[J]．建筑学报，1995(3)：48-53.
[49]陈谷嘉，邓洪波．中国书院制度研究[M]．杭州：浙江教育出版社，1997.
[50]刘亦师．古代碉楼民居的分布及其特征[J]．建筑学报，2004(9)：52-54.
[51]潘谷西．《营造法式》解读[M]．南京：东南大学出版社，2006.
[52]陆元鼎．中国民居建筑[M]．广州：华南理工大学出版社，2004.
[53]阮荣春，罗二虎．古代巴蜀文化探秘[M]．沈阳：辽宁美术出版社，2008.
[54]王桧林．中国现代史参考资料[M]．北京：高等教育出版社，1991.
[55]隗瀛涛，李有明．四川近代史[M]．成都：四川省社会科学院出版社，1985.
[56]马世之．中国史前古城[M]．武汉：湖北教育出版社，2003.
[57]黄浩．中国传统民居与文化(四)[M]．北京：中国建筑工业出版社，1996.
[58]全唐文．城隍庙记[Z]．北京：中华书局，2005.
[59]侯仁之．历史地理学的理论与实践[M]．上海：上海人民出版社，1979.
[60][晋]任豫．益州记[Z]．上海：商务印书馆，1987.
[61]罗哲文．中国著名佛教寺庙[M]．北京：中国城市出版社，2004.
[62]费孝通．乡土中国[M]．上海：三联书店，1985.
[63]彭一刚．传统村镇聚落景观分析[M]．北京：中国建筑工业出版社，1994.

[64]郭声波．四川历史农业地理[M]．成都：四川人民出版社，1993.
[65]罗二虎．西南汉代画像与画像墓研究[D]．成都：四川大学，2001.
[66]隗瀛涛，周勇．重庆开埠史[M]．重庆：重庆出版社，1983.
[67]余楚修，管维良．重庆建制沿革[M]．重庆：重庆出版社，1998.
[68]重庆市渝中区政协文史委．巴渝风情[M]．重庆：重庆出版社，2001.
[69]陈金川．地缘中国——区域文化精神与国民地域性格[M]．北京：中国档案出版社，1998.
[70]刘叙杰，傅熹年，孙大章，等．中国古代建筑史(第五卷)[M]．北京：中国建筑工业出版社，2001.
[71]中共重庆市委研究室．重庆市情[M]．重庆：重庆出版社，2000.
[72]杨宇振．清代四川城池的规模、空间分布与区域交通[J]．新建筑，2007(5)：45-47.
[73]四川省文史研究馆．成都城坊古迹考[M]．成都：成都时代出版社，2007.
[74]潘谷西．中国古代建筑史(第四卷)[M]．北京：中国建筑工业出版社，2001.
[75]刘致平．中国伊斯兰教建筑[M]．乌鲁木齐：新疆人民出版社，1985.
[76]四川省建设委员会．四川古建筑[M]．成都：四川省科学技术出版社，1992.
[77]四川省文物考古院．四川文庙[M]．北京：文物出版社，2008.
[78]周勇．重庆通史[M]．重庆：重庆出版社，2003.

[79]张弘．巴蜀古建筑[M]. 成都:电子科技大学出版社,2014.
[80]唐璞．山地住宅建筑[M]. 北京:中国建筑工业出版社,1994.
[81]李先奎．四川民居[M]. 北京:中国建筑工业出版社,2009.
[82]房玄龄．晋书[M]. 北京:中华书局,1974.
[83]宋育仁．重修四川通志稿[M]. 北京:国家图书馆出版社,2015.
[84][法]皮尔曼．人文地理学[M]. 北京:商务印书馆,1993.
[85]脱脱．宋史[M]. 北京:中华书局,1985.
[86]胡中华,重庆市合川区政协,齐齐哈尔编辑委员会．合川文史丛书(第三十辑)合川非物质文化遗产概览[M]. 重庆:重庆出版社,2016.
[87]政协重庆市綦江区委员．古镇东溪[M]. 重庆:重庆出版社,2013.
[88]代璐．巴蜀地区汉晋石墓阙雕刻题材研究[D]. 成都:四川大学,2007.
[89]陈明达．营造法式大木作制度研究[M]. 北京:文物出版社,1981.
[90]李允鉌．华夏意匠[M]. 北京:中国建筑工业出版社,2001.
[91]刘叙杰．中国古代建筑史(第一卷)[M]. 北京:中国建筑工业出版社,2003.
[92]重庆市文化局等．四川汉代石阙[M]. 北京:文物出版社,1992.
[93]徐中舒．巴蜀考古论文集[C]. 北京:文物出版社,1987.
[94][春秋]左丘明．左传[M]. 长沙:岳麓书社,1988.
[95]余蔚．宋史[M]. 上海:上海人民出版社,2015.
[96]重庆市政协．走进江津[M]. 重庆:重庆出版社,2013.
[97]重庆市政协．览胜九龙[M]. 重庆:重庆出版社,2014.

[98]重庆市政协．海棠荣昌[M]．重庆:重庆出版,2013.
[99]重庆市政协．三色潼南[M]．重庆:重庆出版社,2012.
[100]重庆市政协．桃源酉阳[M]．重庆:重庆出版社,2013.
[101]重庆市政协．绿色石柱[M]．重庆:重庆出版社,2007.
[102]侯幼彬．中国建筑美学[M]．北京:中国建筑工业出版社,2009.
[103]曾竞钊,等．川东南地区民居典型夯土墙体探讨[J]．四川建筑科学研究,2008(10):182-184.
[104]老子．道德经[M]．北京:作家出版社,2016.
[105]刘沛林．风水——中国人的环境观[M]．上海:三联书店,1995.
[106]刘沛林．古村落:和谐的人聚空间[M]．上海:三联书店,1997.
[107]梁变凤．中国古建筑的真善美[M]．太原:山西人民出版社,2013.
[108]王其钧．图说中国古典园林史[M]．北京:中国水利水电出版社,2007.
[109]日本观光资源保护财团编．路秉杰译．历史文化城镇保护[M]．北京:中国建筑工业出版社,1991.
[110]陕西省考古研究所秦汉研究室．新编秦汉瓦当目录[M]．西安:三秦出版社,1986.
[111]傅熹年．中国古代建筑史(第二卷)[M]．北京:中国建筑工业出版社,2001.
[112]沈福煦．中国古代建筑文化史[M]．上海:上海古籍出版社,2001.
[113]四川省地方志编纂委员会编纂．四川省志·建筑志[M]．成都:四川科学技术出版社,1996.
[114]许蓉生．水与成都——成都城市水文化[M]．成都:巴蜀书

社，2006.
[115]胡昭曦．四川书院史[M]．成都：巴蜀书社，2002.
[116][宋]李诫．营造法式[M]．北京：中国建筑工业出版社，2006.
[117]林从华，张兴国．巴蜀摩崖石刻中心柱窟探源[J]．重庆建筑大学学报，2006，28(3)：1-3.
[118]范小平．四川崖墓艺术[M]．成都：巴蜀书社，2006.
[119]埃文斯．中世纪的信仰[M]．北京：北京大学出版社，2005.
[120]王贵祥．东西方的建筑空间[M]．北京：百花文艺出版社，2006.
[121]中国历史大辞典·宋史卷编纂委员会．宋史[M]．上海：上海辞书出版社，1984，12.
[122][后晋]刘昫撰．旧唐书[M]．上海：中华书局，1975.
[123][宋]欧阳修，宋祁撰．新唐书[M]．上海：中华书局，1975.
[124]刘敦桢．刘敦桢建筑史论著选集[M]．北京：中国建筑出版社，1997.
[125][明]杨慎，刘琳点校．全蜀艺文志[M]．北京：线装书局，2003.
[126][晋]常璩撰，刘琳校注．华阳国志[M]．成都：巴蜀书社，1984.
[127][梁]萧子显撰．南齐书[M]．北京：中华书局，1972.
[128][唐]樊绰撰．蛮书[M]．北京：中国书店出版社，2008.
[129][宋]李昉等撰．太平御览[M]．上海：中华书局，1960.
[130]朱彭[清]等．南宋古迹考[M]．杭州：浙江人民出版社，1983.
[131]陈世松．四川通史(第五册)[M]．成都：四川大学出版社，1993.
[132]于吉．太平经[M]．北京：中华书局，2013.

[133]王灵桂．中国伊斯兰教史[M]．北京：中国友谊出版公司，2010．

[134]乔治·扎内奇．西方中世纪艺术史[M]．陈平译．杭州：浙江美术学院出版社，1991．

[135]约翰·沃顿．古希伯来文明：起源和发展[M]．上海：华东师范大学出版社，2017．

[136]董鉴泓．中国城市建设史[M]．2 版．北京：中国建筑工业出版社，1989．

[137]梁思成．营造法式注释[M]．北京：中国建筑工业出版社，1983．

[138]梁思成．中国建筑史[M]．天津：百花文艺出版社，2001．

[139]中国艺术研究院．中国建筑艺术史[M]．北京：文物出版社，1999．

[140]李敬洵．四川通史（第三册）[M]．成都：四川大学出版社，1993．

[141]贾大泉．四川通史（第四册）[M]．成都：四川大学出版社，1994．

[142]贾大泉．宋代四川经济论述[M]．成都：四川省社会科学院出版社，1985．